KB149461

문화교양
총서
4

근대로의 전환

새로운 시공간의 탄생과 삶의 변화

송찬섭 · 허 수 · 최규진 · 이임하 · 이기훈 지음

지식의날개

문화교양총서-4

근대로의 전환
새로운 시공간의 탄생과 삶의 변화

초판 1쇄 펴낸날 | 2018년 9월 1일

지은이 | 송찬섭·허수·최규진·이임하·이기훈
펴낸이 | 류수노
펴낸곳 | (사)한국방송통신대학교출판문화원
　　　　03088 서울시 종로구 이화장길 54
　　　　대표전화 1644-1232
　　　　팩스 02-741-4570
　　　　홈페이지 http://press.knou.ac.kr
　　　　출판등록 1982년 6월 7일 제1-491호

출판위원장 | 장종수
편집 | 이근호·이강용
본문 디자인 | 티디디자인
표지 디자인 | 크레카

ⓒ 송찬섭·허수·최규진·이임하·이기훈, 2018

ISBN 978-89-20-03125-0 04080
값 15,000원

이 도서의 국립중앙도서관 출판예정도서목록(CIP)은 서지정보유통지원시스템 홈페이지(http://seoji.nl.go.kr)와
국가자료공동목록시스템(http://www.nl.go.kr/kolisnet)에서 이용하실 수 있습니다. (CIP제어번호: CIP2018025958)

문화교양총서 발간에 붙여

이번에 한국방송통신대학교 문화교양학과에서 〈문화교양총서〉를 간행하게 되었다. 이 총서는 다양한 의도를 가지고 논의하고 기획되었다.

우리 대학은 모든 과목에 교재를 만들어서 강의를 운영한다. 일반적으로 개설서 형태의 교재는 개정을 할 때마다 계속 내용을 보완하므로 최종판이 가장 잘 다듬어진 교재라고 보아도 무방하다. 그러나 우리 학과는 인문학을 중심으로 하고 있는데다 개론보다는 주제 또는 사례 중심의 강의를 하므로 한번 교재를 바꾸고자 하면 완전히 새로운 내용으로 다시 구성한다. 매번 교재를 만들 때마다 적절한 주제를 선택하여 최선을 다하기 때문에 모두 생명력 있는 글이 되는데, 새로운 교재가 만들어지고 나면 이전 교재는 당연히 절판되므로 좋은 글이 사장되는 아쉬운 마음이 늘 있었다. 그래서 우리 학과의 지나간 교재를 활용할 방법을 모색하였다. 그 결과, 지나간 교재의 내용을 바탕으로 분량을 조절하고 교재의 구성을 벗어나서 가벼운 문고 형태의 시리즈를 간행하기로 결정했다.

총서 간행을 다만 연한이 다한 교재에 대한 아쉬움 때문에 하려는 것은 아니다. 현재 교재를 통해 공부하고 있는 재학생뿐 아니라 우리 졸업생들에게 문화교양학과 공부는 끝이 없다고 항상 가르치기 때문에 문고를 축적하여 이들에게 계속 '읽을거리'를 제공하자는 뜻도 있었다.

우리 학과 과목은 인문학의 다양한 분야를 망라하고 있다. 따라서 인문학 공부에 대한 나름의 틀을 제시하고 있다고 본다. 이 점에서 〈문화교양총서〉가 우리 학과를 넘어 우리 대학 구성원과 나아가 일반인들에게도 인문학에 대한 갈증을 풀어 주는 문고가 될 수 있을 것이다. 문화교양학과가 설치된 지 이제 10여 년이 지났고 교재도 과목마다 보통 두세 번 개정되었다. 더 늦기 전에 쌓인 원고를 추스르는 작업이 필요한 시점이기도 하다. 지금까지의 교재 원고들을 간추려서 총서를 발간한다면 앞으로 우리 학과 교과 운영의 방향 설정에도 도움이 될 수 있을 것이다.

〈문화교양총서〉는 우리 학과가 존재하는 한 계속 간행되어 나갈 것이다. 이 총서가 지속적으로 문화교양학과 구성원, 그리고 인문학을 갈구하는 분들에게 선물이 될 수 있기를 기대한다. 고전의 한 구절을 비틀어 이렇게 말하고 싶다.

"문화교양은 목마른 사람 누구나 물가로 데려갈 수 있다. 얼마나 마음껏 마시느냐는 각자에게 달려 있다!"

2017년 8월
문화교양학과 교수 일동

머리말

한 사회의 변화와 발전은 내적인 성장뿐 아니라 밖으로부터 새로운 문화를 수용하고 이를 소화하는 과정에서 이루어지기도 한다. 실제 우리가 전통문화라고 알고 있는 것도 밖으로부터 새로운 문화로서 수용하여 이를 우리 사회에 맞게 소화한 것이 상당수일 것이다. 새로운 문화를 짧은 시간에 수용하고 그것이 우리 사회를 크게 변화시킨 사례는 유독 근현대의 시기에 잘 볼 수 있다. 이 문화는 일부가 아닌 구성원 대부분의 삶에 영향을 주었고 나아가 오늘날 우리 사회의 근간을 만들었다는 점에서 주목해야 할 것이다.

이 책은 한국방송통신대학교 문화교양학과의 『근현대 속의 한국』(초판, 2007년 간행) 과목 교재의 일부를 다시 기획하여 만들었다. 본래 이 과목은 외세의 침략과 근대화 과정에서 이루어진 굴곡 많은 우리 근현대 역사를 좀 더 다양하고 사실에 가깝게 가르칠 수 없을까 하는 바람에서 설정하였다. 그 가운데 근대 제도의 특징적인 모습과 근대적 인간의 형성과 관련된 글을 모았다.

내용구성의 원칙은 '일반화'를 간략히 하고 관련된 사례를 풍부하게 활용하는 것으로 했다. 『근현대 속의 한국』은 교과과목으로는 학생들로부터 상당히 흥미 있다는 평을 받았다. 여기서 다루는 시기는 한말부터 1950년대까지로 한정했다. '근현대'라는 시기를 표방하였으므로 최근까지 포함할 수 있겠지만 그렇게 할 경우 내용이 지나치게 방만할 수 있다는 우려에서였다. 다만 모든 주제에 대해 시기를 일률적으로 제한하기는 힘들기 때문에 주제별로 다루는 시기에 조금씩 차이가 있다. 세부 장절의 구성에서도 기본적으로는 한말, 일제, 해방 후 등으로 나누고 일제강점기는 또 두세 시기로 나누기로 했으며, 주제에 따라 시기보다는 내용으로 구분하는 형태를 취했다.

우선 10개의 주제를 선정하고 내용에 따라 다시 세 부로 나누었다. 1부 '근대의 시간과 공간'에서는 근대의 상징인 철도, 근대 도시화의 진전에 따른 거주공간, 새롭게 받아들여야만 했던 근대적 시간체계와 시간관념을 주제로 다루었다. 2부 '근대적 호명, 새롭게 부르는 이름'에서는 근대에 들어 정립되었던 대표적 호칭인 여성, 아동, 청년을 다루었다. 이들이 호명되는 그 자체가 근대를 잘 보여 주고 있다. 3부 '근대가 탄생시킨 새로운 사람들'에서는 근대적 통치와 관련하여 변화된 관료제도, 근대의 기본 계급인 자본가와 노동자, 근대에 들면서 자본의 이익에 따라 국경을 넘나드는 해외 이주민을 다루었다.

최근 근대에 관한 저작이 많이 간행되어 이 책을 엮는 데 도움이 되었다. 또한 이렇듯 기존 연구성과의 축적을 감안하여 책을 펴내기 위해 일제강점기에 간행된 신문, 잡지 등의 자료를 풍부하게 활용했다고 자부한다. 그러다 보니 일제 시기가 중심이 되었지만 오늘날과 그때를 일상생활사를 통해 서로 비교해 보면 근현대의 속살을 보다 자세히 이해할 수 있는 계기가 될 것이다.

지난 교재이지만 새로운 기획에 맞춰 글을 고치고 기워 준 필자들, 원고를 검토하고 일부 보완에도 애를 쓴 이선아 선생(문화교양학과 튜터)에게 감사의 마음을 전한다.

2018년 8월
필자들을 대표하여 송찬섭 씀

차례

2부 ··· 근대적 호명, 새롭게 부르는 이름

1부

근대의 시간과 공간

1장

철도
공간의 압축과 생활권의 변화

허수

1. 공간의 재편성과 생활의 변화

물길은 지고 철길은 뜨고

근대적 운송수단은 사람들의 생활을 엄청나게 바꾸어 놓았다. 전근대 운송수단이 사람이나 짐승의 힘에 의존했다면, 근대적 운송수단은 기계의 힘으로 움직였다. 증기기관에서 시작한 원동기의 발달은 사람들을 더 많이, 더 빠르게, 더 멀리 실어 나를 수 있게 되었다. 그중에서 기차는 특별한 위치를 차지한다. 비행기나 기선, 우주선 등 빠르기나 규모 면에서 보자면 기차보다 우위에 선 것도 많다. 그러나 사람 곁을 스치면서 오감으로 그 빠르기와 질량감을 체험케 하는 것은 기차가 가장 뛰어나다. 유길준은 1881년 조사시찰단의 일원으로 일본에, 그리고 1883년에는 미국사절단의 일원으로 미국에 다녀왔다. 그는 이때의 경험을 담아 1895년 『서유견문』을 발행했다. 『서유견문』의 18편 중 「증기차」와 19편 중 「뉴욕」에 관한 서술에서 기차는 신문물로서 다음과 같이 묘사된다.

그림 1-1 · 경인철도 개통식

기차가 달리는 속도는 신속하여 화륜선에 비길 바가 아니며, 급행하는 것은 1시간에 300리를 달리기도 한다. …… 그 신기하고 경이로운 규모와 신속 간편한 방도가 족히 세상 사람의 이목을 놀라게 했으며 마음을 뛰게 하였다. …… 이 차에 한번 타기만 하면 바람을 타고 가거나 구름 위로 솟아오른 듯한 황홀한 기분을 맛보게 된다.

유길준은 여기서 기차가 가진 속도감과 그것이 주는 자유로움을 한껏 표현했다. 증기기관으로 달려가는 기차는 자연적 힘에 의존했던 교통수단을 대체해서 이동거리를 크게 단축시켰다. 이 점에서 기차는 전통의 구속에서 인간을 자유롭게 하는 진보의 상징으로 떠올랐다.

철도가 개통되기 이전에는 서울에서 부산까지 가려면 일주일 이상 걸어가야 했다. 1905년 1월 경부선이 개통되자 그 거리를 17시간 만에 갈

수 있게 되었다. 1908년의 융희호(隆熙號)는 속도가 좀 더 빨라서 서울-부산 간을 11시간 만에 주파했다. 불과 몇 년 전까지 일주일 이상 걸리던 거리를 하룻낮 만에 달리게 된 것이다.

기차와 같은 근대적 운송수단이 도입되면서 공간조직은 근본적으로 재편성되었다. 전통적으로 우리나라는 육상교통보다 수로교통이 발달했다. 산악지형과 해안선, 하천이 발달한 지형조건으로 수로교통이 유리했기 때문이다. 조선 후기 상품경제의 발달을 추동한 것도 해상교통망이었다. 18세기 이후 포구를 중심으로 한 해상교통망은 장시를 중심으로 한 내륙교통망과 연결되었다. 이에 따라 전국적 시장권이 성립되어 갔다. 경강, 즉 한강은 전국 해상교통권의 중심지였다. 개화기까지도 경강 상인들은 인천에서 국내외 물품을 수송하여 서울시장에 판매했다.

그러나 철도 부설과 기차 운행으로 이러한 한강수운은 몰락해 갔다. 기차는 안전성과 신속성을 갖춘 데다 운임도 저렴했다. 기차로 인해 기선에 의한 조운업은 큰 타격을 입었다. 철도로 인해 서울시장의 집중력도 강화되었다. 종래 인천이나 부산 상인의 손을 거쳐 수입되던 화물이 점차 서울 상인들의 직거래로 전환되어 갔다. 이런 사정은 내륙상권도 마찬가지였다. 철도가 각 지역의 장시나 중심 지역을 통과하면서 상권이 재배치되고 원거리 대규모 상권에 포섭되었다. 예를 들면 경부선 철도로 대구는 부산 상권에 포섭되었다. 충청북도의 경우 상권의 중심지는 충주에서 청주로 바뀌었다. 경부선이 조치원을 통과하면서 여기에 인접한 청주가 한강수운을 이용한 충주 대신 중심지로 부상했던 것이다. 그리고 청주는 서울과 부산 상권의 영향을 받게 되었다. 이렇게 해서 새로운 교통수단인 기차가 보부상과 장시를 몰아내고 철도 정거장이 새로운 커뮤니케이션 공간으로 부상했다.

철도는 도시의 흥망성쇠에도 지대한 영향을 끼쳤다. 개항 이전까지 도시의 대부분은 행정 중심지였고 군사적 기능이 강했다. 철도가 건설되면서 철도 주변의 도시가 발달했고 행정적 기능은 철도 주변의 신도시로 옮아갔다.

내외법도 모르는 상놈

기차는 공간의 재편성과 더불어 사람들의 풍속과 일상에도 근본적인 변화를 낳았다. 먼저, 전차와 기차, 버스 등 탈것의 보급은 남녀노소 구별과 반상 차별을 무너뜨리는 결과를 가져왔다. 전차와 기차가 도입될 무렵 장옷을 쓴 여인과 갓을 쓴 남자가 같은 의자에 나란히 앉아 있는 경우도 있었다. 원리상 근대적 교통수단은 남녀노소·빈부귀천을 가리지 않았다. 요금을 지불하는 사람이면 누구나 이용할 수 있었다. 그래서 "기차놈 빠르기는 하다마는 내외법을 모르는 상놈이구나!"라는 말도 생겨났다. 1908년 최남선은 「경부철도가」에서 이러한 변화를 높이 평가하며 이렇게 읊었다.

> 늙은이와 젊은이 섞여 앉았고
> 우리 내외 외국인 같이 탔으나
> 내외친소(內外親疏) 다 같이 익혀 지내니
> 조그마한 딴 세상 절로 이뤘네

최남선의 예찬과는 별도로 일반 사람들은 이런 문화에 쉽사리 익숙해지기 어려웠다. 열차 개통 후 근 20년 동안 여자 승객은 남자 승객의

10분의 1도 되지 않았다. 그러나 전반적인 흐름을 멈출 수는 없었다.

또한 전차와 기차의 등장으로 일반 사람들의 전통적인 거리감각, 속도관념도 크게 바뀌었다. '한 십 리만 더 가면 된다'든지 '한나절만 가면 된다'는 전통적 거리감각은 달라질 수밖에 없었다. 이미 19세기 말 박정양은 일본을 시찰하고 돌아와서 "선박과 열차가 증기기관을 부착하여 속도가 빨라지면서 거리와 공간도 100리 단위로 계산하게 되었다"라고 말한 바 있다.

대중교통의 발달로 주거지역은 도심에서 교외로 확산되었다. 이에 따라 통근·통학 인구도 늘어났다. 1920년대 말 전국의 기차 통학생은 1만여 명이었다. 1930년대 말 서울의 인구가 100만 명을 돌파하자 영등포와 도심지대 등을 왕래하는 원거리 통근·통학 급행버스가 운행되었다. 1920년대부터 경성에서는 대중교통을 이용한 통학·통근이 일상적으로 이루어졌다. 아침저녁으로 '교통지옥'이라는 말이 유행하기 시작했다. 1930년대 말이 되면 출근할 때 만원 전차를 한두 번 보내고 10분 이상을 기다리는 일이 보통이었다.

> 요새 서울 장안에는 전차나 버스를 타는 것보다 걸어다니는 것이 낫다는 소위 시내 교통지옥의 해소를 요망하는 물의가 비등하고 있지만 차라리 구시내보다 구시내와 영등포를 연결하고 있는 노영선(鷺永線) 버스의 교통암흑이 더 심하다. …… 아침저녁의 '러시아워'에는 물론 평상시라도 차를 타려면 팔을 걷고 단판 씨름을 하며 남녀노유 간의 염치를 몰각하지 않고는 도저히 탈 수 없고 여간해서 탄다고 하더라도 화물차 이상의 초만원으로 질식할 형편인 고로 일반의 비난은 날로 높아 가고 있는데……(「교통지옥의 영등포선 시급대책수립 요망」, 『동아일보』, 1939년 11월 14일 자).

그림 1-2 · 남대문통의 출근길 러시아워

통학 열차에서 혈기 왕성한 남녀 학생이 같은 공간에 뒤섞이게 됨으로써 남몰래 사랑을 키우거나 '풍기문란'을 야기하기도 했다. 이에 조선총독부 철도관리국은 경성으로 통학하는 중등 이상 학생들을 상대로 남학생은 앞 열차로, 여학생은 뒤 열차로 각각 좌석을 구분해 승차하도록 강제하기도 했다.

한편 기차는 여행을 제도화했다. 식민지 시기에 여행 풍습은 일상적인 문화로 정착했다. 꽃구경 가는 경성부민을 위해 경성에서 개성까지 임시열차가 운행되는가 하면, 우이동 벚꽃이 만개하자 남대문역·용산역에서 창동역까지 임시열차가 운행되었다. 인천 월미도가 유원지로 널리 알려진 것도 경인철도 덕분이었다. 당시 철도국은 경인 간 승객 유치를 위해 바닷물을 데워 오늘날 해수탕의 원조 격인 조탕(潮湯)과 인공 해수 풀장을 조성했다. 일본인이 경제적으로 호황을 누리던 1930년대 중반에는 일본 등지로 여행하는 원거리 손님도 폭증했다. 관부연락선(關釜連

絡船)과 접속하는 열차는 경성에서 이미 만원을 이루어 입석이 태반이었다.

2. 폭력과 차별의 궤도

연기 뿜고 달린다고 니만 잘났냐

기차는 이처럼 새로운 운송수단으로 각광을 받은 동시에 어두운 그늘도 드리웠다. 이런 명암은 '문명의 이기'가 도입되고 자리 잡아가는 과정에서 발견되는 일반적인 모습이기도 하다. 그러나 기차의 경우 특히 전쟁과 식민지배, 분단으로 점철된 한국 근대사의 특성과 깊이 관련되어 있다.

이런 그늘은 한국 민중과 기차의 첫 대면 장면에서 이미 감지되고 있다. 스웨덴 기자 아손 그렙스트(W. Ason Grebst)는 러일전쟁 취재를 위해 1904년 12월 부산항으로 입국하여 경부선 열차에 탑승했다. 당시 경부선은 아직 공식 개통하기 전이었으나 최초로 민간 전용 열차가 떠날 예정이었다. 한국에서는 이미 1899년 9월 경인철도가 개통했지만, 부산 시민들에게 기차는 아직 생소했다. 그렙스트는 구경 나온 부산 시민의 반응을 다음과 같이 묘사했다.

새 철로로 개통하는 첫 번째 민간용 열차여서 기관차는 조화와 일장기로 치장하고 있었다. 역 주변에는 구경하러 나온 조선인들로 온통 흰색 물결을 이루었는데, 대부분 어른들이었다. 괴물같이 생긴 기관차를 보고

잔뜩 겁에 질린 표정들을 하면서 안절부절못하는 기색이 역력했다. 그들은 처음으로 역에 나와 보았으며 기관차도 처음 보는 것이었다. …… 그들 중 가장 용감한 사나이가 큰 바퀴에 손가락을 대자 주위 사람들이 감탄사를 연발하며 이 용기 있는 사나이를 부러운 듯 바라보았다. 그러나 기관사가 장난삼아 쇠말뚝으로 갑작스레 연기를 뿜어 내자 혼비백산하여 달아나느라 대소동이 벌어졌다. 이러한 장면은 마치 무리를 지어 우왕좌왕하는 우둔한 양떼를 연상케 했다. 그들은 '위험한 짓이야! 천만금을 준다 해도 다시는 이런 짓 안 해. 도깨비가 장난치는 게야. 요란한 숨소리를 내뿜는 이 괴물은 악령이 붙었어'라고 생각하는 듯 보였다.

이 글은 기차라는 낯선 물건을 접한 한국 민중의 원초적인 두려움과 호기심을 잘 보여 준다. 그런데 기차에 '악령이 붙었다'고 본 그들의 불안감을 우스꽝스럽게만 볼 순 없다. 그들의 원초적 불안감은 근거가 있었다. 제국주의 열강의 이권침탈 대상으로 전락해 버린 한국에서 철도는 제국주의가 침투해 오는 통로였다. 개화기의 상층 지식인은 근대문명의 빛에 눈이 부셔서 기차에 구현된 제국주의적 욕망을 종종 간과했다.

식민지배의 파이프라인

한반도에서 철도는 당초부터 일본 제국주의가 한국을 지배하는 파이프라인 역할을 했다. 일본의 자본·상품과 군대 및 이민자를 들여보내고 원료와 식량 및 노동력을 빼내 가는 역할을 담당했다. 이 점에서 그것은 식민지형 철도의 전형이었다. 한반도의 철도는 만주-일본 간 물류의 중간고리라는 것이 일제의 기본 발상이었다. 광대한 소비시장이자 물산

그림 1-3 · 압록강 철교

의 공급지인 만주를 일본 본토와 연결시키는 것에 주안점이 있었다. 한반도 내 여객 수송이나 국내 철도 물자의 순환·유통은 부차적인 문제로 밀려났다. 경성을 중심으로 한반도 사방으로 뻗어 나간 경인선·경부선·호남선·경원선·함경선·중앙선 등은 대개 항구나 국경 도시를 종단역(終端驛)으로 삼았다. 모두 일본과 만주를 얼마나 빨리 연결시키냐에 초점을 맞춘 노선들이었다.

이런 식민지적 성격은 군사적 성격과 불가분의 관계에 있었다. 군사적 성격은 철도 부설과정에서 노골적으로 드러났다. 일본은 경부선·경의선을 부설하면서 약 2,000만 평(66km²)에 이르는 선로 용지와 정거장 부지 등을 무상 또는 헐값으로 점령했다. 구입한 경우에도 가격은 시가의 10분의 1에서 20분의 1에 불과했다. 또 약 1억 5,000만 명에 이르는 철도노동자를 동원했다. 이로써 일본은 1마일(1.6km)당 6만 2,000여 원의 건설비로 320마일(515km)의 철도망을 완공할 수 있었다. 이는 당시 세계 평균 건설비용인 16만 원의 절반에도 못미쳤다. 철도가 통과하는 지역에는 일본의 군율이 발포되었고, 공사나 운행을 방해하는 자들은 잔인한 처벌 대상이 되었다. 1906년 5월 15일자 『대한매일신보』는 "철도가 통과하는 지역은 온전한 땅이 없고 기력이 남아 있는 사람이 없으며 열 집에 아홉 집은 텅 비었고, 천리 길에 닭과 돼지가 멸종하였다"라고 개탄했다. 한국 민중은 선로 위에 돌을 놓는 등 크고 작은 방법으로 일제에 대해 불만을 표출했다. 1904년 용산에서는 김성삼, 이춘근, 안순서 등 3명이 군용철도에 방해를 기했다는 혐의로 붙잡혀 총살당하기도 했다. 한국 민중이 기차에 대해 가졌던 초기의 두려움과 호기심은 고통과 증오로 바뀌기 시작했다. "군용철도 부역하니 땅 바치고 종 되었네"라는 노래에서는 철로마다 맺힌 민중의 절규가, "연기 뿜고 달린다고 니만 잘났냐. 지게 지고 산에 가는 나도 잘났다"라는 구전가요에서는 민중의 오기가 느껴진다.

한국 민중의 불만은 넋두리에 그치지 않고 구체적인 형태로 표출되었다. 가장 대표적인 것이 의병들의 정거장 공격이다. 의병 부대는 식민지 침략의 상징이던 기차 정거장을 집중적으로 공격했다. 1907년 9월 하순에는 천안과 조치원 사이의 소정리역에 40여 명의 의병이 들이닥쳐 역사를 습격하고 불을 질렀다. 10월 말에는 전북에 근거를 둔 의병 약 20명이 대전과 영동 사이의 이원역 역사(驛舍)를 소총으로 사격한 뒤 방화하고 수입금을 탈취했다. 이런 정황을 당시 신문(『경향신문』, 1907년 11월 22일 자)은 다음과 같이 개탄했다.

경부철도 빠른 윤거(輪車) 나오나니 일병(日兵)이요
이 골 저 골 곳곳마다 일어난 게 의병일세
울리나니 총소리요 들리나니 울음이라
일병 짐을 져다 주나 유죄무죄 죽어오네

일본군은 철도 주변을 물샐 틈 없이 감시했다. 철도가 피해를 입을 경우 철도 주변 사람들에게 연대책임을 지웠다. 헌병이 주재하지 않은 역 관리인은 무장시키고 수원과 대전 정거장에 군사령부 출장소를 설치했다. 철도 주변 주민들을 강제동원하여 매일 밤 철도 주변을 순찰시켰다.

이처럼 철도 부설과정에서 일제의 폭력이 공공연하게 노정되었음은 물론 철도역 선정과 기차 운행에서도 일제의 차별과 간섭이 은연중에 뒤따랐다. 일제는 철도역 선정과정에서 기존의 중심지를 의도적으로 배제했다. 경부선과 경의선이 철저히 서북−동남 중심축을 견지하면서 전체적으로는 특정 지역을 차별하는 결과를 낳았다. 세부적으로는 철도가 대전 등의 허허벌판을 경유함으로써 금산, 논산, 공주 등의 전통적인 도시체계와 교통체계를 무시하는 결과를 낳았다.

기차가 남녀의 내외법 등 전근대적 제약에서 사람들을 벗어나게 했지만, 반드시 민주적이고 평등하게 운영된 것은 아니었다. 당시 철도는 일본인의 것이었고 일본인은 한국인을 멸시, 차별했다. 한국인은 일본인과 같은 요금을 내고 탑승해도 차별받는 경우가 많았다. 신지식인이던 이광수조차 자유로울 수 없었다. 그는 「나의 고백」이라는 글에서 다음과 같이 언급했다.

그림 1−4 · 경부철도 선로 약도

그때에 내가 부산역에서 차를 타려 할 때에 역원이 나를 보고 그 차에 타지 말고 저 찻간에 오르라고 하기로 연유를 물었더니, 그 찻간은 조선인이 타는 칸이니 양복 입은 나는 일본 사람 타는 데로 가라는 것이었다. 나는 전신의 피가 거꾸로 흐르는 분격을 느꼈다. 나는 "나도 조선인이오" 하고 조선인 타는 칸에 올랐다. 때는 삼월이라 아직도 날이 추워서 창을 꼭꼭 닫은 찻간에서는 냄새가 났다. …… 실로 냄새는 고약하였다. 그리고 담뱃재를 버리고, 자리싸움을 하고, 침을 뱉고, 참으로 울고 싶었다. 나는 이 동포들을 다 이렇지 아니하도록, 그리고 모두 깨끗하고 점잖게 되도록 가르치는 것이 내 책임이라고 생각하였다.

3. 철마는 달리고 싶다

민족동맥의 상징, 해방호

해방 직후에도 전차는 평상시처럼 운행되었다. 하지만 전쟁 말기에 일본이 시설 투자를 하지 않아 차량과 선로는 부실한 상태였다. 설상가상으로 자재 공급은 끊어지고 파업과 파괴, 고장과 사고가 빈번하게 발생하여 전차를 제대로 운영할 수 없는 상황이 지속되었다. 그 와중에도 해방의 기쁨을 만끽하려는 서울시민들은 전차 지붕에까지 올라타고 만세를 부르며 거리를 달렸다. 또 해외동포의 귀환과 월남동포의 증가로 전차는 매일 초만원을 이루었다.

결국 1945년 9월 11일부터 남북 간 열차 운행이 중지되었다. 이제 한반도의 철도는 남북 종단 철도로서의 역할을 더 이상 수행할 수 없었다.

해방 당시 우리나라 철도의 총 영업연장 6,362킬로미터 중에서 남한의 영업연장은 2,642킬로미터였다. 기관차는 남북한 총 1,166대 중 남한은 겨우 488대에 불과했다. 철도의 차량과 궤도는 급속히 고철로 변해갔다. 1946년 5월 1일, 미군정은 전국의 사설 철도를 모두 국유화하여 일원적 운영체계를 수립했다.

해방된 해 12월 27일, '해방 제1호'가 영등포에서 수원까지 시운전을 했다. 우리 손으로 만들고 이름을 붙인 첫 증기기관차였다. 자체 제작은 계속되어 이듬해인 1946년 5월 말에는 서울—부산 간 특급열차인 '조선해방자호'가 달리기 시작했다. 서울행 열차는 상경하는 소개민(疏開民)·귀환동포·월남난민 등으로 항상 만원이었다. 1946~1947년의 경우 철도 이용 승객의 35퍼센트 이상이 서울로 집중되었다.

한편 철도는 1946년 9월에 일어난 한국 노동운동사상 최대 규모의

그림 1-5 · 조선해방자호

파업인 '9월 총파업'의 무대가 되기도 했다. 당시 엄청난 물가 상승과 식량난으로 생계가 곤란한 서울의 철도노동자들이 노동자대회를 열었다. 그들은 미군정청에 대하여 '중식 지급 재개', '월급제 재개', '임금 인상', '식량 배급' 등의 요구조건을 내걸었다. 이 요구조건이 관철되지 않은 상태에서 9월 23일 부산 철도공장의 파업을 필두로 전국적으로 파업이 확산되었다. 이 '9월 총파업'은 박헌영이 주도하는 남로당의 '신전술'과도 관계가 깊었다. 이로 인해 남한의 동맥인 철도는 일대 혼란에 빠졌다. 이 파업은 9월 말 미군정에 의해 진압되었다. 그러나 동정파업이 점차 확산되면서 대구를 시발로 일어났던 '10월 봉기'의 도화선이 되었다.

분단과 전쟁 속에 허리 잘린 철마

남한에서 정부 수립을 거치면서 철도교통은 정상을 찾아 갔다. 그러다가 한국전쟁을 겪으면서 심대한 타격을 입었다. 전쟁 동안에 운행된 피란열차는 말 그대로 북새통이었다. 홍성원의 소설 『기찻길』은 1951년 1월 4일, 이른바 '1·4후퇴' 당시 서울에서 부산으로 가는 피란열차의 모습을 이렇게 묘사했다.

유리창이 달린 객차는 물론이고, 곳간 차와 뚜껑 없는 화차에도 피란민들은 흡사 콩나물시루처럼 가득하다. 심지어는 까마득히 높은 곳간 차지붕에도 사람들이 촘촘히 앉아 있다. 오랫동안 앉은 채 눈을 맞아서, 곳간 차 지붕 위의 사람들은 모두가 흰털로 뒤덮인 북극곰을 연상시킨다. 담요나 이불을 목까지 둘러쓴 채 그들은 죽은 듯이 꼼짝도 않고 웅크리고 있는 것이다.

한편 전시(戰時)에는 철도가 피아(彼我) 간에 공격 대상이 되었다. 철도는 군사시설이나 마찬가지였기 때문이다. 철도는 궤도만 남고 차량·역사·차고·통신시설 등은 심각한 피해를 입었다. 어느 종군화가는 폭격으로 파괴된 용산역의 모습을 "기관차와 화차, 유조차 등이 나뒹굴고 레일이 엿가락처럼 꼬여 있는" 곳으로 묘사했으며, 이런 모습을 화폭에 담아 당시의 현장을 재현했다.

현재 경기도 파주시 임진각 공원에는 '녹슨 철마(鐵馬)'가 놓여 있다. 일명 '화통'으로 불리는 '경의선 장단역 증기기관차'이다. 1943년 일본에서 제작한 이 '마터 형' 기관차는 북한의 산악지대를 운행할 만큼 강력한 힘을 지니도록 설계되었다. 이 기관차는 북한에서 운행되다가 한국전쟁 때 미군이 획득한 뒤 경의선을 오가며 군수물자를 수송했다. 1950년

그림 1-6 • 「폭격이 있은 후」(권영우, 1957). 한국전쟁 당시 종군미술가로서 활동했던 권영우는 당시 그린 스케치를 기초로 1957년 대한민국미술전람회 출품을 위해 종이에 먹으로 다시 제작했다.

12월 31일 밤 서울로 내려오던 기관차는 파주 장단역에서 운행을 멈추고 미군의 사격으로 파괴되었다. 중공군의 대공세로 유엔군이 퇴각하는 급박한 상황에서 선로차단의 목적과 나중에 북한이 사용하지 못하게 할 목적으로 손상시킨 것이다. 이 녹슨 기관차는 오랫동안 장단역 부근의 비무장지대에 방치되어 있다가 2004년 근대문화유산으로 등록문화재가 되었고, 2009년 6월 한국전쟁 발발 59주년에 즈음하여 지금의 장소에 전시되었다. 비무장지대에 있는 동안 일반인이 실물을 보기는 어려웠지만, 그동안에도 교과서, 잡지, 홍보물을 통해 녹슨 이 기관차는 전쟁과 분단의 아픔을 상징하는 이미지로 우리에게 친숙해져 있다. 한편 2018년 남북이 '4·27 판문점 선언'으로 동해선과 경의선 철도 등을 연결하기로 합의한 상황에서 '녹슨 철마'는 남북 간 평화적 교류와 유라시아 횡단을 향한 부활의 심볼이 될 계기를 고대하고 있다.

❖ 참고문헌

고미숙, 『나비와 전사』, 휴머니스트, 2006.

고바야시 히데오, 『만철: 일본제국의 싱크탱크』, 산처럼, 2004.

까를로 로제티 저, 서울학연구소 역, 『꼬레아 꼬레아니』, 숲과나무, 1996.

노형석, 『모던의 유혹, 모던의 눈물』, 생각의나무, 2004.

박은영, 「녹슨 기관차의 알레고리: '경의선 장단역 증기기관차'」, 『미술사논단』, 제37호, 2013.

박천홍, 『매혹의 질주, 근대의 횡단』, 산처럼, 2003.

아손 그렙스트 지음, 김상열 옮김, 『스웨덴 기자 아손, 100년 전 한국을 걷다: 을사조약 전야 대한제국 여행기』, 책과함께, 2005.

유길준 지음, 허경진 옮김, 『서유견문』, 서해문집, 2004.

윤상원, 『동아시아의 전쟁과 철도: 한국철도의 정치사』, 선인, 2017.

이광수, 「나의 告白」(1948), 『이광수전집』, 삼중당, 1976.

이영미, 「대중가요 속의 바다와 철도」, 한국역사연구회 지음, 『우리는 지난 100년 동안 어떻게 살았을까: 삶과 문화 이야기』, 역사비평사, 1999(1998).

정재정, 「대중교통의 발달과 시민생활의 변천」, 서울시정개발연구원·서울시립대학교 서울학연구소, 『서울 20세기 생활·문화변천사』, 2001.

_____, 『일제침략과 한국철도』, 서울대학교출판부, 1999.

홍성원, 『기찻길』, 문학과지성사, 2012.

2장

도시화와 거주공간
근대건축에 담긴 식민지 공간

최규진

1. 낯선 집

조선은 1876년 일본과 강화도조약을 체결하여 인천, 부산, 원산 등의 항구를 열고, 서양 여러 나라와 잇따라 국교를 맺었다. 그에 발맞추어 일본과 서구 건축문화도 들어왔다. 외국인들은 외교활동을 위한 공간을 마련하였고, 새로운 숙박시설인 호텔도 들어섰다. 근대 교육제도를 마련하면서 교육시설을 세워야 했고, 기독교 등 종교시설이 필요해짐에 따라 이와 관련된 건축문화가 외국인을 통해 이 땅에 들어왔다.

외국인들은 주택에서도 새로운 양식을 선보였다. 1884년에 인천에 세운 세창양행 사택은 독일인 회사의 것으로 숙소로 쓰려고 지은 최초의 양옥이었다. 이 집은 일부가 2층인 벽돌건물이며 바깥벽은 회칠을 하고 붉은 기와를 얹었다. 그러나 개항 초기만 하더라도 서양인들은 아직 양옥을 짓지 못하고 기존의 한옥을 고쳐 살았다. 선교사들은 싼값으로 한옥을 사서 외부는 손질하지 않은 채, 내벽에는 화려한 벽지를 바르고 바닥에는 카펫을 깔고 살았다.

그림 2-1 · 세창양행 사옥. 이 땅에 들어선 맨 처음 서양식 건물로 알려졌다.

　서구인들은 외교관이나 종교인, 상업인 등 몇몇 사람이 일시적으로
들어왔지만, 일본인들은 정착을 목적으로 하는 집단적인 이주가 많았
다. 이주 일본인들은 부산, 인천, 서울 등 주로 개항장을 중심으로 살았
다. 도시에 일본인 비율이 크게 늘면서 일본식 가옥이 퍼지기 시작했다.
개항장에 일본식 주택이 들어서자 일부 지역은 마치 일본의 작은 도시
와 같은 모습을 보였다. 이 땅에 들어온 일본인은 대부분 상인이었기 때
문에 사는 집은 상업을 겸한 주상복합건물이 많았다. 보통 2층 건물로
1층은 상점, 2층은 살림살이를 하는 곳이다.

　개항 뒤에 외국 문물에 자극받은 개화파 지식인들은 옛집의 단점을
개량해야 한다는 생각을 하기도 했다. 그들은 길을 닦고 하수도를 정비
하며, 뒷간 목욕시설, 난방시설 등을 개량하자고 주장했다. 그러나 이들
의 주장은 사회, 경제 상황이 뒷받침되지 못했기 때문에 실현하기 어려
웠다. 1888년 서울을 처음 본 언더우드 부인은 "도시가 마치 거대한 버

그림 2-2 • 부산의 일본인 거류지

섯처럼 보였다"라고 했다. 이는 이 무렵 서울 대부분이 초가집이었음을
보여 준다.

　주거의 경우, 서구 건축의 영향을 거의 받지 않았다. 민중의 주생활
이 크게 바뀌지도 않았고, 새로운 건축양식을 시도할 만한 경제적인 여
유가 생긴 것도 아니기 때문이었다. 다만 서구 문물에 자극받은 몇몇 사
람이 그들의 건축을 그대로 받아들여 서양식 집을 짓거나 전통 주택을
서양식으로 고치는 일은 있었다. 외래 주택의 영향을 받고 생활개선운
동이 벌어지면서 전통 주택을 개선해야 한다는 논의가 활발하게 일어났
던 탓이다. 집을 짓는 새로운 기술이 도입되고 건축 재료가 변화할 뿐만
아니라, 근대적 건축 생산체계가 자리 잡으면서 집도 조금씩 바뀌기 시
작했다. 그러나 일제강점기에 생활문화가 크게 바뀐 것에 견주면 주거
양식의 변화는 매우 더뎠다.

2. 도시형 한옥

인구가 도시로 모여들면서 대도시에서는 주택 수요가 크게 늘었다. 이 때문에 한국 주택업자에게도 새로운 시장이 열렸다. 그들은 옛날처럼 주문을 받고 집을 짓는 것이 아니라, 스스로 집을 지어 팔기 시작했다. 주택업자들은 오랫동안 사대부들이 살았던 북촌(청계천의 북쪽)의 대규모 필지를 사거나, 경사가 가팔라서 집을 짓지 않았던 땅을 평평하게 골라 중산층이 살 만한 도시형 한옥을 지었다. 사대문 밖 보문동, 돈암동, 안암동, 신설동 등에 새 도시가 개발되면서 이곳에도 도시형 한옥이 들어섰다.

도시형 한옥은 주택 개발업자가 일종의 상품처럼 만들어 공급한 주택이다. 도시형 한옥 주택업자들은 1920년대 이후부터 본격적으로 활동하기 시작했다. 그들은 대지 크기에 따라 적게는 6~7호에서 많게는 30~40호씩 도시형 한옥을 지어 한꺼번에 공급했다. 주택업자는 옛 한옥의 모습을 본뜨면서도 신생활운동과 생활개선운동 등에서 주장하는 내용을 반영하여 주택을 일부 개량했다.

도시형 한옥은 서울, 경기 지방의 전통적인 중·상류 주택을 본떠 상품 가치를 높이려 했다. 'ㄱ'자 또는 'ㄷ'자 모습으로 마당을 빙 둘러싸며 중앙에 대청을 두어 침실을 분리시킨 것은 서울, 경기 지방의 전형적인 주택 모습이었다. 다만 대지가 좁아 사랑채나 사랑방은 두기 어려웠다. 도시형 한옥은 양반집을 동경하던 서민의 주의식과 기호에 맞게 지었다. 공간 구성이나 성격, 집 모양은 조선시대 상류층의 주거 형태에 뿌리를 두면서도 일부 건축 재료와 방법을 근대적인 형태로 바꾸었다.

중류층이 좋아했던 도시형 한옥은 옛 한옥의 모습을 띠면서도 간소하게 지은 기와집이다. 집 모양은 전통 한옥에서 대지가 많이 필요했던 사랑과 문간방이 없어지고 창은 커졌다. 또 대청마루에는 유리문을 달았으며 니스와 페인트를 칠했다. 도시형 한옥 벽면에는 타일을 바르고 처마는 함석으로 꾸몄으며 대청마루에 유리 미닫이문을 달아 서양식 거실처럼 꾸미는 등 서양식과 한국식, 일본식을 섞어 놓은 모습이었다. 도시형 한옥은 전통 한옥의 모습을 바꾸었지만 한옥의 기본 요소와 뼈대는 유지했고, 생활에 큰 변화를 일으키기보다는 전통적 생활양식을 지속시키는 쪽이었다.

　서민들의 처지에서 보면 도시형 한옥은 현대식 집처럼 보였다. 변소는 주택 안으로 들어와 문간채 한편에 두었다. 그러나 부엌은 난방과 물때문에 여전히 지반이 낮은 흙바닥이었다. 주부들은 밖에서 물을 길어와서 쓰고, 다 쓴 물은 밖으로 내다 버려야 했다. 또 마당은 전통 한옥 마당과는 달리 공동 노동 공간의 기능을 잃어버렸다. 도시형 한옥은 이른바 '집장수'라는 개인 주택업자가 지었다. 이로써 주택이 처음으로 상품화되기 시작했다. 이것은 자본주의 경제체제로 이행하는 과정에서 주택 건설이 산업화하고 주택 시장이 형성되었음을 뜻했다. 주택 개발업자는 누구에게나 팔 수 있는 방식으로 주택을 공급해야 했기 때문에 대중의 요구에 관심을 두지 않을 수 없었다. 특히 도시형 한옥의 문간채는 임대를 염두에 둔 것이었다. 도시형 한옥은 주택 소유 기능만이 아니라 임대와 매매 가치도 생각한 주택이었다. 이는 주택에 대한 '근대적 시각'이 형성되었음을 뜻했다. 도시형 한옥 가운데 연립한옥이 나타난 것도 눈길을 끈다. 연립한옥은 이웃 주택과 담장·지붕을 공유함으로써 좁은 땅을 효율적으로 사용하고 건축비를 줄일 수 있는 장점이 있었다. 연립

그림 2-3 · 연립도시한옥

한옥은 전통주거건축이 근대적 도시주거로 바뀌는 과정을 보여 준다.

도시화가 진행되면서 도시형 한옥과 함께 서울에서는 '2층 점포 한옥'
도 모습을 드러냈다. 도시형 한옥은 한옥이 도시 주택으로 자리 잡을 수
있음을 보여 주었고, 식민지 상황에서 주거문화의 정체성을 지키는 데
이바지했다. 해방 뒤 1960년대까지 대표적인 도시 주택은 바로 도시형
한옥이었다.

3. 문화주택

'도시형 한옥'이 중산층을 위한 집이었다면, 문화주택은 경제력이 뒷
받침되었던 조선 상류층과 일본 사람이 살았던 집이다. 문화주택이라는

이름은 1920년대 초 일본에서 들어왔다. 그때 일본에서는 '문화주의'가 한창이었다. 일본에서는 전통 주택과는 다르게 서양색이 강한 단독주택을 '문화주택'이라고 했다. 일본에서 '문화주택'이라는 말을 본격적으로 쓴 것은 1922년 평화기념 도쿄박람회에서 '문화촌'이라 하여 14채의 실물주택을 전시하고 난 뒤부터였다. 특히 1923년 관동대지진의 여파로 지진에 강한 새로운 구조와 건축 재료로 지은 미국식 방갈로 주택을 좋아하는 사람이 많았다.

일본과 마찬가지로 조선에서도 서구적이고 세련된 사물을 일컬을 때 '문화'라는 말을 자주 썼다. 1920년대 초반부터 근대적인 설비를 갖춘 서구식 집을 '문화주택'이라고 불렀다. 이 무렵 상류 계층에서 유행하던 '문화생활'이란 '서양생활'을 뜻했다. '서양생활'을 하려면 그들의 주거양식도 받아들여야 했다. 그에 따라 민간 건축가와 돈 있는 건축주가 뜻이 맞아 문화주택을 지었다. 1920년대 문화주택은 홀을 중심으로 거실과 침실이 있는 방갈로식 주택이었지만, 잠깐 유행하고 말았다. 1930년대의 문화주택은 서양과 일본 그리고 한식을 절충했다. 다음 글이 그런 정황을 보여 준다.

> 외관과 현관은 일본 집인데, 유리창과 걸쳐 있는 커튼은 분명코 서양식이다. 그런데 온돌과 부엌의 부뚜막들은 또 정녕히 조선식인 것이다
>
> (「당대여인생활탐방기-이화여전 교수 윤성덕 씨 편」, 『신여성』, 1933년 9월호).

문화주택은 주로 건축설계를 전문으로 하는 건축가가 만든 고급주택이었다. 재료도 시멘트, 기와, 슬레이트, 타일, 화강석, 페인트 등 그때까지 조선에서는 보지 못했던 새로운 것을 썼다. 마당은 정원으로 꾸몄

다. 문화주택은 완전히 딴 세상의 집이었다. 문화주택은 거의 다 2층이 었으며, 지하층을 두어 기계실 등으로 쓰기도 했다. 문화주택은 벽돌조에 일부 나무를 쓴 구조가 많았다. 철근콘크리트조는 기초와 슬래브

그림 2-4 · 김연수 씨의 집 외관

등에 썼으며, 기둥 등 주요 구조물을 철근콘크리트로 한 것도 있다. 1929년 건축가 박길룡의 작품인 김연수 씨 집은 서구화한 집을 잘 보여 준다.

2층으로 구성된 철근콘크리트조의 집은 1층에 현관과 주방, 식당, 욕실, 하녀실, 객실 등을 두었고, 2층에는 침실, 서재, 예비실 등을 배치했다. 한 동의 건물 안에 모든 주거공간을 두었고, 현관을 통해 들고 나며, 복도와 계단으로 각 공간이 연결된다는 점에서 서구 주택의 '집중형 공간 구성'을 보여 준다.

문화주택에 사는 사람은 전통 주택에 사는 사람과는 아주 다른 생활을 했다. 문화주택에는 보통 현관 옆에 서양식 응접실이 있었다. 이러한 응접실은 일본 주택의 영향이었을 수도 있고, 전통 주택의 사랑채가 근대 주택으로 변화하면서 생겨난 새로운 공간 형식으로도 볼 수 있다. 문화주택에서는 변소와 욕실, 세면실을 따로 두기도 했다. 변소는 대변기와 소변기를 분리하고 대부분 수세식이었다. 주방은 개수대가 설치된 입식 부엌으로 실내로 들어왔지만, 취사장은 일부가 타일 또는 모르타

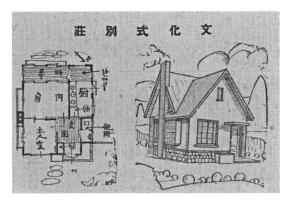

그림 2-5 • 동아백화점 경품 광고 가운데 일부. 문화주택이 '별장'의 의미가 있었다는 사실이 눈에 띈다(『매일신보』, 1932년 6월 26일 자 전면 광고).

르로 마감한 재래식 부엌의 모습을 보이기도 했다. 문화주택은 식당, 욕실, 변소 등을 내부에 갖춘 집중식 구성을 하여 생리·위생 공간이 주택 안으로 들어왔다는 점이 특징이다. 다만 일제 초기부터 부엌을 개량해야 한다는 주장이 있었으나 뒤에 지어진 문화주택마저도 부엌은 여전히 남이 보지 않는 구석진 자리에 있어야 했다. 부엌을 서구식으로 고치는 것은 쉽지 않았다. 기술 발달과 생활의 변화, 의식 변화가 뒤따라야 하는 일이었다.

문화주택은 겉으로는 더할 나위 없이 멋진 집처럼 보였지만, 실제 생활하기에는 기존 생활방식과 맞지 않아 불편한 점이 한두 가지가 아니었다. 온돌 없이 난로를 피워 난방을 하는 것이 가장 견디기 힘들었다. 밥상을 들여다 방에서 식사를 하던 옛 식사 습관과도 맞지 않았다. 이같은 문제 때문에 멋진 문화주택을 비워 놓고 그 옆에다 집을 새로 지어 예전처럼 사는 일도 더러 있었다.

상류층만이 혜택을 누렸던 문화주택은 선망의 대상이 되기도 했다. 백화점은 경품으로 문화주택을 내걸기도 해서 사람들의 환상을 부추기기까지 했다. 심지어 잡지는 문화주택을 마련하는 자금을 은행에서 빌리는 법까지 알려 주는 글을 싣기도 했다.

4. 영단주택

　사람들이 농촌에서 도시로 몰려오면서 도시에는 집이 모자랐다. 이때까지 일본인이나 한국인 집장사가 도시 주택을 공급했지만, 중일전쟁이 일어난 1937년부터는 건축 자재가 모자라 많은 집을 지을 수 없었다. 1944년 서울에서는 절반 남짓이 자기 집을 갖지 못하고 세를 얻어 살았다. 서울뿐만 아니라 지방 도시에서도 집이 많이 모자랐다. 특히 서울에서는 집값과 집세가 큰 문제였다.

　일본 정부는 1938~1939년 무렵부터 노동력을 유지하고 재생산하려면 주택 문제를 해결해야 한다고 생각하기 시작했다. 중일전쟁이 치열해지면서 군수물자를 생산하려면 노동자 주택이 더욱 필요했다. 저리융자도, 자재 배급도 그다지 효과를 거두지 못하고 주택난은 날로 심해졌다. 물가가 치솟고 생필품이 암시장 가격으로 거래되고 있을 때였다. 총독부는 할 수 없이 1941년 6월에 주택난 해결을 위한 마지막 수단으로 조선주택영단을 설립했다. "도시의 주택난을 해소하여 총후국민으로 하여금 대동아전쟁을 명랑하게 싸워 나가게 하려는" 속셈이었다. 주택영단이란 '주택경영재단'을 줄인 말로 특수법인이다.

　1941년 5월, 일본에서도 '일본주택영단'을 세워 1층의 목조건물뿐만 아니라, 연립주택 아파트 등 20종 남짓한 평면도를 만들어 공급하기 시작했다. 이는 조선주택영단의 설립과 활동에 영향을 주었다. 조선주택영단은 주택 건설을 위한 4개년 계획을 세우고, 1941년부터 1945년까지 해마다 5,000호씩 모두 2만 호를 짓기로 했다. 실제 1945년까지 경성의 4,488호를 포함하여 전국에서 1만 2,000호를 지었다. 그때 조선

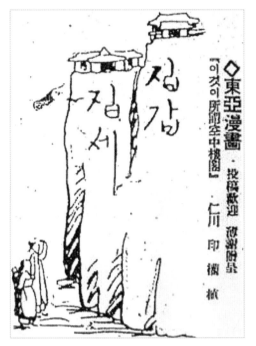

◇東亞漫畵・投稿歡迎 漢詩四律・仁川 印德植

『이것이 所聞조中樓閣』

집갑집세

그림 2-6 • 치솟는 집값과 집세를 풍자한 만평(『동아일보』, 1924년 1월 27일 자)

주택영단에서 지은 집을 '영단주택'이라고 했다.

일제는 1937년부터 토지구획정리사업을 하여 영등포, 돈암 지구 등 10개 지구에 신시가지를 개발하고, 조선주택영단은 그곳에 주택단지를 만들었다. 단지 안에는 공중목욕탕과 이발소, 상점, 의원 등 근린생활시설이 들어설 땅도 마련했다. 이러한 주택단지 형성은 처음으로 근대적 개념을 도입한 것이며, 해방 뒤까지 도시 주거단지계획의 전형이 되었다.

집 모양은 다섯 종류의 표준주택으로 설계했다. 영단주택은 갑(20평, 66m²)·을(15평, 50m²)·병(10평, 33m²)·정(8평, 27m²)·무(6평, 20m²)로 나누고 대지는 건평의 3배가 넘도록 해서 경제 형편에 따라 선택할 수 있게 했다. 규모가 큰 갑(甲)형과 을(乙)형은 일본인 관리나 직원을 위한 단독주택이었고, 작은 규모인 병(丙)형 밑으로는 한국인 노동자들을 위한 연립주택이었다. 갑형은 분양을 원칙으로 했고 나머지는 모두 월세가 원칙이었다(『매일신보』, 1942년 1월 13일 자). 영단주택은 관이 앞장서 대량으로 공급한 서민주택이었다. 한꺼번에 많은 집을 공급하려고 표준설계에 따라 규격을 맞추어 엇비슷한 모양새로 지은 집이다. 영단주택은 최초의 공공주택 사업이었다.

그림 2-7 • 상도동 영단주택 전경

영단주택은 방에 다다미를 깔았고, 일부 온돌을 두었다. 병형 이상의 주택 부엌에는 마루를 깔아 입식 부엌의 모습을 보였지만, 정형과 무(戊)형 주택의 부엌은 지반이 낮은 재래식 부엌이었다. 갑형과 을형 주택에는 가운데 탈의실을 두고 변소와 욕실을 분리시켰다. 영단주택은 일본식 주거에 뿌리를 두고, 일본식 건물을 본떠 바깥 모양새를 디자인했다. 바닥에 다다미를 깔고 일본식 미닫이 장지문으로 내부를 나눈 것이나, 마룻바닥에 쇠로 만든 가마솥을 둔 욕실 등 일본 집 내부 공간을 그대로 적용했다. 한국 기후에 맞게 바닥에 일부 온돌방을 설치하기도 했지만, 기본적으로 일본식 주생활을 염두에 두었다.

영단주택에는 '생활에서 내선일체를 구체화하는 방법으로 조선식 주택 양식을 개량'하려는 식민 지배정책도 작용했다. 그러나 1943년에 일제는 "전력 증강에 필요하지 않은 모든 건물을 짓는 것을 일절 허락하지 않는다"는 방침을 세웠다. 거의 모든 기술자를 군에 내보냈던 조선주택영단은 '유리 대신 셀로판지로 창문을 바르고 철근 대신 밧줄을 감은 대나무를 쓰는' 임시 건물 따위를 지어 노동자 합숙소를 만드는 것 말고는 새로운 사업을 할 수 없었다. 조선주택영단은 해방 뒤 '대한주택공사'로 이어졌다. 대한주택공사가 집합주거단지 개발방식을 택한 것은 영단주택의 계획에서 비롯되었다. 일제가 '내선일체'를 구현하는 수단 가운데 하나로 활용했던 영단주택은 해방이 되면서 한국인 거주자가 증축을 하거나 수리하여 우리식 주거문화로 바꾸었다.

5. 아파트

일제가 조선을 강점한 뒤에 일본에서 건너온 노동자가 많이 늘었다. 이들을 위해 집합주택의 형식을 띤 '요(寮)'를 만들었다. 노동자들의 집단생활을 위한 기숙사와 같은 형식의 '요'는 신당동, 장충동, 회현동, 아현동, 내자동, 용산 같은 곳에 있었으며 주로 공장 주변에 건설했다. '요'는 약 9.9㎡(3평) 정도로 한 사람이 겨우 생활할 수 있는 공간이었으며, 같은 건물 안에 식당, 공동욕실, 공동변소, 공동세면장을 두었다. '요'는 비록 일본인 노동자를 위해 지은 것이기는 했지만, 우리나라에서 처음 건설된 공동주택으로 도시형 아파트의 원형이라고 할 수 있다.

일본 회사는 조선에까지 영역을 넓히면서 직원들을 위해 아파트를 건설했다. 1930년에 미쿠니(三國) 아파트와 유림 아파트가 들어섰다. 회현동에 있었던 미쿠니 아파트는 맨 처음 '아파트'라는 이름으로 조선에 세운 건물이었다. 이 아파트는 미쿠니 상사가 직원들을 위해 지은 관사였다. 일본인 토요다가 오늘날 충정로에 건축하여 '토요다 아파트'라고도 알려진 유림 아파트는 관사나 사택용이 아닌 일반인을 대상으로 임대사업을 하려고 맨 처음 지은 아파트이다. 그러나 임대를 하는 사람도 일본인이고 거주자도 일본인이었기 때문에 우리와는 그다지 상관이 없었다. 아파트는 경성 말고도 평양, 함흥, 부산, 대

그림 2-8 · 회현동 미쿠니 아파트 외관

구 등 지방 도시에서도 계획했거나 건립했다.

1930년대 잡지나 여행기 번역물 등에서 근대적인 도시생활을 보여주는 주거로서 아파트를 소개하고 있지만 아직 일반에게는 낯설었다. 외래어가 넘쳐나던 1930년대에 잡지나 신문에서는 외래어를 해설하는 난을 두어 독자들의 이해를 돕고 있었다. 외래어 가운데 하나인 '아파트'를 한 잡지는 다음과 같이 정의했다.

아파트-멘트(apartment), 영어. 일종의 여관 혹은 하숙이다. 한 빌딩 안에 방을 여러 개 만들어 놓고 세를 놓는 집이니, 역시 현대적 도시의 산물로 미국에서 가장 크게 발달되었다. 간혹 부부생활하는 이로도 아파트-멘트 생활하는 이가 있지마는 대개는 독신 샐러리맨이 많다. 일본서는 줄여서 그냥 아파-트라고 쓴다(「모던어 점고(點考)」, 『신동아』, 1933년 5월호).

다른 책에서는 '아파트멘트'를 "1실 1방, 1인 또는 수인(數人)이 살고 있는 집"이라고 간단하게 정의하고 '할대간(割貸間)'이라고 번역했다(이종근, 『모던 조선 외래어 사전』, 한성도서주식회사, 1936, 340쪽). '할대간'을 다시 풀어쓰면 칸막이로 나누어 임대하는 방쯤 되겠다. 또 다른 책에서는 아파트란 "커다란 집을 지어 놓고 세를 주는 것"이라고 했다(『여인사전』, 『여성』, 제1권 제5호, 1932년 10월).

아파트는 연료난 때문이기도 하겠지만, 바닥에 다다미를 까는 등 일본식 주거 형식을 따랐다. 이 시기 아파트는 공동 식당과 욕실, 오락실, 세탁실, 접객실 등 공동으로 쓰는 부대시설을 갖춘 것이 특징이었다. 아파트가 주로 일본인을 위한 주거였다는 점에서 한국인 주택난 해결에는 크게 도움이 되지 못했다. 그나마 많지도 않아서 다른 주거 형식에 견주어 큰 영향을 미치지 못했다. 신문 기사에 따르면 1940년, 경성에는 23개소의 아파트가 있었고, 총 579세대, 2,000명이 살았다(『매일신보』, 1940년 4월 15일 자). 이 무렵의 아파트는 주로 셋방을 구하지 못하는 사람들이 살았으며, 주거환경도 좋은 편이 아니었다. 그 실상을 알아보자.

부내 학생층의 하숙난과 아울러 일반 '샐러리맨'들의 하숙난 문제는 더욱 심해졌다. 이들이 대부분 깃들고 있는 아파트들은 언제나 포화상태로 좀처럼 방을 얻어들기가 힘들 터인데 최근 아파트 업자 중에는 가임지대통제령(家賃地貸統制令) 때문에 방세를 갑자기 올릴 수 없으므로 '스팀' 대를 예년보다 4~5할씩을 올리는 경향이 있다. …… 기실 '스팀'이란 말뿐, 불을 적게 때므로 방이 차서 견디기가 힘들다(「교활한 '아파트', 연료 등귀 빙자, 사실상 방세 인상」, 『조선일보』, 1939년 12월 5일 자).

다음 기사에서 보듯이 아파트업자들도 더 이익이 남는 여관으로 바꾸고 싶어 했다.

경성 시내의 주택난은 날이 거듭할수록 더욱 심각화하고 있어 셋방을 얻지 못하는 사람은 대개 이 아파트를 빌려 가지고 사는 사람이 많다. 아파트업자로 보아서는 한 칸의 방을 한 사람에게 빌려주어 얼마 되지 않는 월세를 받는 것보다는 아파트를 보통 여관과 호텔로 변경하는 것이 훨씬 이익이 많다(「'아파트'의 전업 절대로 불허한다」, 『매일신보』, 1940년 6월 9일 자).

6. 영세민의 주택, 행랑살이와 토막

농토를 잃거나 농촌에서는 살아갈 수 없는 사람들이 이웃한 도시나 서울로 빈손으로 몰려들었다. 이들은 어렵사리 셋방을 얻거나 행랑살이를 해야 했다.

행랑어멈에 대해서 설명한다면, 그때는 조금 큰 집에는 안채, 사랑채, 행랑채 등 세 채가 있었다. 안채는 주부가 살림하는 집안의 중심이고, 사랑채는 남자들이 글 읽고 손님 접대하는 서재 겸 응접실이다. 행랑채는 대문 옆에 있는데 사나이는 집안일과 대문 단속을, 여자는 안에 들어가서 일을 하고 밥을 얻어다가 식구들을 먹이는 것이 주 임무였다(조용만, 『경성야화』, 창, 2012, 41쪽).

남편은 머슴살이를 하고 부인은 가정부를 한 셈이다. 행랑살이를 하

그림 2-9 • 경성거리를 떠도는 유랑민 가족의 모습. 유랑민이 머물 곳은 행랑살이나 토막밖에 없었다. "남부여대한 유랑민이 경성 시내에만 8,000명"(최영수, 「추광곡 5」, 「동아일보」, 1935년 9월 3일 자)

는 이들은 틈이 나면 행상과 품팔이를 했다. 이것은 조선시대의 동거노비제도의 유물이며 일제강점기에 와서는 구직난과 주택난이 만들어 낸 도시 하층민 생활의 한 모습이었다. 1920년 서울의 인구는 20만 명 남짓에 행랑층 인구가 4~5만 명쯤이었던 것으로 추정하고 있다.

행랑살이마저 얻을 수 없는 사람이거나, "주인집에 얽매어 살기보다는 독립해야겠다"라고 마음먹은 사람들은 토막(土幕)을 짓고 살았다. '흙으로 만든 허술한 움막'이라는 뜻을 지닌 토막이라는 말은 어디서 비롯된 것일까.

토막이라는 말은 아마 최근의 신조어라고 생각된다. 고서적에서 토막이라는 단어가 확인되지는 않지만 오늘날의 토막과 비슷한 것이 존재했을 것이라는 것은 쉽게 상상할 수 있다. …… 요즈음과 같은 토막의 발생은 조선에 근대 자본주의가 유입된 한일합병 이후이며 사회 문제의 대상으로 취급되기에 이른 것은 그보다는 뒤라는 사실은 1919년에 조선총독부에서 편찬했던 『조선어사전(朝鮮語辭典)』에 아직 '토막'이라는 어구가 수록되어 있지 않은 것을 보아도 유추가 가능하다(경성제국대학 위생조사부 엮음, 박현숙 옮김, 『토막민의 생활과 위생』, 민속원, 2010, 79~80쪽).

이 글에서 보듯이, '토막'은 근대에 도시빈민이 생기면서 새로 만들어진 말이었다. 토막은 흙으로 벽을 적당히 바른 뒤 얼기설기 지붕을 얹은 허술한 움막이었다. 조선시대에도 오늘날의 판잣집에 해당하는 불량 주거 형태가 있었다. 지방에 심한 가뭄이나 큰 물난리가 생기면 서울에 많은 유민이 들어와 잠깐 머물면서 움막 같은 것을 지었을 것이다. 토막이 주거로서 뿌리내린 것은 1920년대부터였다. 농토를 잃거나 살 길이 막힌 농민들이 지게꾼이 되기도 하고 날품팔이라도 하려고 몰려들었기 때문이었다. 도시에 살던 주민이 파산하여 토막민이 되는 경우도 또한 적지 않았다. 식민지 지배 당국이 운동장이나 대학을 건설하면서 그곳에 살던 도시 빈민들을 대책 없이 쫓아냄으로써 졸지에 토막민이 될 수밖에 없는 일도 있었다. 잡지 『별곤건』은 신당리 토막민이 사는 모습을 다음과 같이 적었다.

기름진 논밭을 다 뺏기고 먹으려니 밥이 없고 잠자려니 집이 없어 그리운 산천을 등지고 남부여대(男負女戴)하여 강냉이 조밥이나마 얻어먹으려고 수천만 리 먼먼 길을 산 넘고 물 건너 몰려가는 것이 쪼들리고 구차한 조선 사람의 현상이다. …… 그러고 장안 살림을 지탱해 갈 수가 없고, 집 없고 터전 없어 동문 밖 서문 밖, 문 밖으로 쫓겨 나간다. …… 이 신당리는 처음에는 인가(人家)라고는 얼마 없고 산등성이는 공동묘지였던 것이 최근에 와서 점점 공동묘지가 없어지게 되자 갈 곳 없는 사람들이 모여들어 서양 철 조각으로 지붕을 하고 거적 조각으로 벽을 삼아 비와 바람을 막고 사람 살림이 아닌 사람 살림을 하고 있다. …… 바람이 불면 한 손으론 기둥을 붙들고 한 손으론 지붕을 누르고 섰다. 새벽이면 세상에서 제일 먼저 일어나서 있으면 먹고 없으면 굶어서 정한 곳 없이 일터

를 찾아간다. 그날 하루를 온종일 이리저리 찾아다니다가 벌지 못한 날
은 별 수 없이 굶는 것이 그들의 일상이다. 요행히 몇십 전 생긴 날은 조(粟)
한 봉지에 비지 한 덩이를 사 들고 토막을 찾아간다(「대경성의 특수촌」, 『별건곤』,
제23호, 1929년 9월).

토막은 일정한 깊이로 땅을 파고 그 위에 삼각형으로 짚을 덮은 움집
형과 거적으로 된 벽과 온돌을 갖춘 가옥형이 있다. 토막민 주거지는 도
심부에 쉽게 갈 수 있는 시 외곽에 모여 있었다. 이곳은 행정상으로는
상류층 주거지와 같은 곳이었지만, 주로 묘지나 유곽, 또는 강바닥이나
다리 밑 등에 자리 잡았다. 경성부는 토막민이란 "하천 부지나 임야 등
관유지, 사유지를 무단 점거하여 거주하는 자"라고 정의했다. 1940년
경성부 안팎에 사는 토막민은 3만 명을 훨씬 넘었을 것으로 보인다. 토

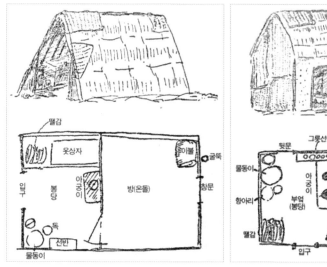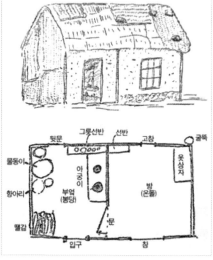

그림 2-10 • A형 토막(좌)과 B형 토막(우)(경성제국대학 위생조사부 엮음, 박현수 옮김, 『토막민의 생활과 위생』, 177~179쪽)

막이 늘어가는 식민지 조선의 현실을 심훈은 다음과 같이 적었다.

오오 잘 있거라! 저주받은 도시여
'폼페이'같이 폭삭 파묻히지도 못하고,
지진 때 동경처럼 활활 타 보지도 못하는
꺼풀만 남은 도시여, 나의 서울이여!

성벽은 토막이 나고 문루는 헐려
'해태'조차 주인 잃은 궁전을 지키지 못하며
반 천 년이나 네 품속에 자라난 백성들은
산으로 기어오르고 두더지처럼 토막 속을 파고들거니
이제 젊은 사람까지 등을 밀려 너를 버리고 가는구나!

(심훈, 「잘 있거라 나의 서울이여」(1927) 중에서, 『그날이 오면』(한성도서, 1949) 수록)

토막민은 대부분 날품팔이나 지게품팔이, 건축공사장의 인부 등을 했다. 토막민 가운데 일부는 도시생활이 길어짐에 따라 얼마쯤 자본이 필요한 행상도 되었고, 공장 노동자·회사원 등 약간 안정성이 있는 일을 하기도 했다. 정책 당국에서는 토막민을 범죄를 일으키는 '암적인' 존재로 인식하면서도 따로 빈민 대책을 마련하지 않았다. 도리어 일제는 침략전쟁을 일으키면서 토막민을 일본의 토목공사장, 탄광 등에 동원해서 노동력 부족을 해결하려 했다.

7. 이름 구수한 복덕방

지금이야 공인중개사 사무소로 이름이 바뀌었지만, 얼마 전까지만 해도 집을 사고팔 때면 으레 복덕방에 가서 시세 따위를 묻곤 했다. 중간에 복덕방 주인을 끼고 집값, 전셋값, 월세 등을 흥정하기도 했다. 왜 복덕방이라고 했을까. 누런 천 조각을 늘어뜨리고 그 위에 복덕방이라고 적어 놓았을 때부터 모든 사람이 궁금하게 여겼다. 복덕방은 언제부터 생긴 것일까. 그때나 지금이나 명확한 대답을 하기 어렵다. 그러나 1919년 『반도시론』에 실린 「경성의 명물 복덕방」이라는 글이 하나의 실마리가 된다. 아주 중요한 글이기 때문에 내용을 좀 길게 소개한다.

예전에 복덕방 일을 하는 사람, 즉 토지, 가옥의 매매 중개업을 하는 사람을 가쾌(家儈) 또는 속어로 '각회'라고 불렀다. 가쾌란 집거간이라는 뜻이다. 현역에서 물러난 관리로서 한가하고 직업이 없는 노인들이다.

그림 2-11 • 술집 옆 복덕방

이들은 이웃집의 빈방이나 길가에 앉아서 옛날과 오늘날의 정치와 풍속 등 고담준론으로 날을 보낼 뿐만 아니라, 근처 동네 여러 집 사정을 다 알아서, "요즈음 누가 집을 팔려 한다. 누구는 이

사하려 한다. 그 집 칸수는 몇 개고 그 가격은 얼마다. 이 집은 복가(福家)이고 저 집은 흉가(凶家)다"라는 말을 했다. 따라서 동네 청년들이 가옥의 매매 또는 이사할 때는 반드시 이 노인들을 찾아 상담한다. 이때는 가옥 매매 중개소가 없어서 어쩔 수 없이 내막을 알고 있는 노인들에게 부탁할 수밖에 없었다. 이러한 부탁을 받은 노인들이 매매 사건에 끼어들었다. 가옥의 이동이 모두 이 노인들의 주선으로 성립되었다. 이때 매매자들은 노인들의 노고에 보답하고자 남초(南草), 곧 담배를 주는 풍속이 관습이 되었다. 이것을 이른바 '성애'라고 한다. 옛날의 성애는 중개수수료와 달라서 한 근의 남초로 주선해 준 공로에 보답하는 성의만 보일 뿐이었고 상당한 금액을 정식으로 구전을 주지는 않았다.

차츰 풍기(風氣)가 바뀌어 이것도 영업적 업무로 바뀌었다. 이 중개인이 둥지를 튼 곳을 복덕방이라고 부르고, 이곳에 '복덕방'이라는 간판을 걸었다. 중개인은 상당한 금전의 수수료를 받아 이때부터 분명한 중개업이 되었다. 이곳저곳에서 복덕방 영업을 시작하고 있었다. 왜 복덕방이라고 불렀을까. 조선인은 예부터 미신에 혹해서 이 집은 복가 저 집은 흉가라고 해서, 복가에서 살면 만사가 형통하고 흉가에 살면 재난과 화가 잇달아 일어난다고 믿었다. 복덕방이란 '복 있는 집으로 안내하는 방'이라는 뜻을 포함하고 있었다. 복덕방이 상당한 중개업이 되어 정식으로 구전을 받게 된 뒤부터 매매 계약할 때에 남초 성애가 있었고 매매가 된 뒤에는 다시 돈으로 구전을 주었다. 하나의 물건을 매매할 때 두 번의 수수료가 함께 붙는 셈이다. 흉한 집, 복 있는 집을 가릴 것 없이 가옥의 매매와 전세, 월세의 중개까지 반드시 복덕방의 수완에 따라 조종되었다. 경성의 가옥 칸수와 새 건축물, 헌 건축물, 가격까지 모든 집을 다 알기 때문에 1910년 서울이 한성부에서 경성부로 바뀐 뒤에 지세, 가옥세, 그 밖의 부과세 등 공금 수입을 가쾌에게 맡겨 받아들이게 한 일도 있었다. 어떤 때는 호구조사도 가쾌에게 조사하게 하기도 했다. 관청 사무가 정돈된 뒤에는 공금 수입은 관리가 하게 되어 가쾌의 일이 면제되었다. 지금은 복덕방을 토지가옥매매소라 부르며 가쾌를 중개인으로 만들고 조합을 설립했으니 이때부터 정당한 중개업이 되었다. 그러나 옛 관습을 한꺼번에 없애기 어려웠기 때문인지, 중개소의 나무패에는 복덕방 세 글자가 여전히 적혀 있다. 성애와 구전이 함께 있듯이, 복덕방과 중개소 이름이 함께 있다(한북산인, 「경성의 명물 복덕방」, 『반도시론』, 1917년 10월호).

『반도시론』에서는 복덕방의 기원과 현상을 이렇게 설명한 뒤에 "복덕방은 경성에만 있는 것이고 다른 지방에는 복덕방이라는 이름을 보기 어렵다. 따라서 복덕방을 경성의 명물이라고 부를 만하다"라고 글을 맺었다. 그러나 복덕방이라는 말의 유래는 아직도 확실치 않다. 몇몇 글에서는 당제(堂祭)나 동제(洞祭)를 지낸 뒤 마을 사람들이 모여 앉아 음식을 나누어 먹던 방을 복덕방이라 했고, 이때의 '복덕(福德)'은 '생기복덕(生起福德)'에서 나왔다고 설명하곤 한다. 이 설명이 맞다면, 그 유래는 까마득히 먼 옛날로 올라갈 것이다. 같은 이름으로 다른 실체가 만들어지는 경우도 있는 법이다. 사람들이 모여 함께 음복(飮福)하던 복덕방과 가옥 매매를 중개하는 복덕방은 이름은 같지만 실체와 기원은 아주 달랐다.

복덕방이 다른 곳에는 없던 '경성의 명물'이었으며, 서울 아닌 곳에 사는 사람은 모르는 말이었다는 것은 분명하다. 다른 곳에서는 여전히 한자어인 가쾌(家儈) 또는 우리말인 '집주름'이라는 말을 썼다. '주름잡다'는 말이 바지 주름을 잡는다는 뜻이 아니라 동네 사정을 훤히 꿰뚫어 안다는 뜻이다. 한 동네에 오래 머물러 살면서 이 집 저 집의 내밀한 사정까지 손금 보듯 하는 사람들만이 주름을 잡을 수 있었다. 복덕방을 차린 사람들은 누구였을까. 다음 기사도 중요한 실마리를 제공한다.

옛날의 승지(承旨)니 참판(參判)이니 하던 인물들이 지금에 때 묻은 두루마기에 영양부족의 핼쑥한 얼굴을 들고 턱을 덜덜 떨면서 복덕방으로 기어들고 있다. …… 다 해진 외투에 각테 안경이나마 코에 걸고 초라한 얼굴에 허여멀건 눈! 입으로는 천 냥, 만 냥을 부른다. 이것이 몇 해 전 교육가요 군인이요 지사요 신사요 하는 근대 조선의 꼴이다(「경성의 금석(今昔) (7)」, 『매일신보』, 1932년 1월 19일 자).

1928년, "일 없는 노인들이 모여 앉아서 토지 매매 중개, 저당(抵當) 소개, 가옥 임대차 소개, 가지각색의 것을 남에게 소개만 해주고 얼마씩 얻어서 생활하고 있는 사람이 경성 안에 천여 명이나 되었다"고 한다. 하다못해 토막집 근처에도 복덕방은 있었다. 1939년 경성에 복덕방이 1,500개로 늘었다(『조선일보』, 1939년 7월 9일 자).

❖ 참고문헌

강만길, 『일제시대 빈민생활사 연구』, 창작사, 1987.

강영환, 『(새로 쓴) 한국 주거문화의 역사』, 기문당, 2013.

김성우, 「새로운 도시주택의 형성과 생활의 변화」, 연세대학교 국학연구원 편, 『일제의 식민지배와 일상생활』, 혜안, 2004.

김용범, 『문화생활과 문화주택』, 살림, 2012.

김정동, 『문학 속 우리 도시 기행 2』, 푸른역사, 2005.

김진송, 『서울에 딴스홀을 許하라』, 현실문화연구, 1999.

노형석, 『모던의 유혹 모던의 눈물』, 생각의 나무, 2004.

서은영, 『세상을 닮은 집, 세상을 담은 집』, 서해문집, 2005.

신영훈·이상해·김도경 지음, 『우리 건축 100년』, 현암사, 2001.

염복규, 『서울은 어떻게 계획되었는가』, 살림, 2005.

전우용, 『서울은 깊다』, 돌베개, 2008.

하시야 히로시 지음, 김제정 옮김, 『일본제국주의, 식민지 도시를 건설하다』, 모티브,
  2005.

함한희, 『부엌의 문화사』, 살림, 2005.

3장

근대적 시간
새로운 시간관념의 충격과 확산

허수

1. 잃어버린 시간: 역법 체계의 전환

황희와 늙은 농부

인류는 자연의 주기적인 순환 현상을 파악하는 데 많은 노력을 기울였다. 홍수나 일식과 월식의 예견은 농경과 지배자의 통치에서 핵심적인 사안의 하나였다. 문명의 초기 단계에서부터 자연계의 규칙성을 파악하는 데 기준이 된 것은 지구와 달, 태양의 움직임이었다. 오늘날 지구의 공전주기인 태양의 순환주기는 '년(年)'으로 표기되며, 달의 공전주기는 '월(月)', 지구의 자전주기는 '일(日)'로 표기된다. 이들은 역법(曆法)을 이루는 중심 요소가 되어 오늘날의 달력에 남아 있다.

문제는 태양과 달의 주기가 지구 자전주기의 정수배가 아니며, 태양의 주기도 달 주기의 정수배가 아니라는 사실이다. 달의 공전주기는 29.530589일이며, 태양의 순환주기는 365.2422일이다. 또한 태양의 순환주기는 달 주기의 12.36827배이다. 그러므로 태음력처럼 태양의 운행과 관련되는 계절의 변화를 고려하지 않고 오직 달의 주기를 기준으로 삼은 역법에서도 1년의 길이를 산정할 때 작은 오차가 생긴다. 이런 차이가 누적되면 오래가지 않아 실제 생활감각과 괴리가 커진다. 이를 방지하고자 윤일, 윤달 등을 두어 그 오차를 주기적으로 없앤다. 또한 이처럼 태양의 움직임을 도외시할 경우 계절의 변화와 달력 간의 격차는 커져 농경에 커다란 지장이 생긴다. 이런 연유로 오래전부터 인류는 역법 체계를 정교하게 발전시켜 왔다. 이 과정에서 형성된 역법에는 많은 경우, 달과 태양의 주기를 모두 고려한 태음태양력의 특성이 강하게 반영되었다.

이처럼 역법 체계는 자연계의 복잡성을 통제하려는 부단한 노력의 산물이다. 인류는 세 천체(天體), 즉 지구와 달, 태양의 복잡한 움직임을 역법 체계 속에 통합하려 했다. 이 과정에서 첨단의 수학적·과학적 지식이 동원되었다. 우선 달과 지구의 공전주기 차이에서 생기는 누적된 오차를 조정해야 했다. 또한 역법의 전파과정에서, 선진 역법의 기준이 된 곳과 수용처 간의 지역적 차이를 보정할 필요성도 대두했다.

우리는 삼국시대부터 중국 역법을 도입해서 활용했다. 처음으로 우리 실정에 맞는 역법을 완성한 것은 조선시대 세종 대이다. 당시 세계 최고 수준의 천문학을 동원해서 만든 원(元)나라의 '수시력(授時曆)'을 수정·보완하여 『칠정산(七政算)』 내·외편을 편찬했다.

조선시대에 명절과 생일, 제삿날 등은 모두 이러한 음력 체계, 즉 태음태양력의 원리를 따랐다. 그러나 농민들의 연간 생활주기는 24절기에 맞추어져 있었다. 24절기는 한 해의 농사에 기준이 되었으므로 태양의 움직임에 따라 만들어졌다. 이를 통해 음력이 계절의 변화와 어긋나는 현상을 보완할 수 있었다. 춘분에서 추분까지의 기간은 '농절(農節)'이

표 3-1 · 24절기

명칭	절중기	날짜(양력)	명칭	절중기	날짜(양력)
입춘	정월절	2월 4일경	입추	7월절	8월 8일경
우수	정월중	2월 19일경	처서	7월중	8월 23일경
경칩	2월절	3월 6일경	백로	8월절	9월 8일경
춘분	2월중	3월 21일경	추분	8월중	9월 23일경
청명	3월절	4월 5일경	한로	9월절	10월 9일경
곡우	3월중	4월 20일경	상강	9월중	10월 24일경
입하	4월절	5월 6일경	입동	10월절	11월 8일경
소만	4월중	5월 21일경	소설	10월중	11월 23일경
망종	5월절	6월 6일경	대설	11월절	12월 7일경
하지	5월중	6월 22일경	동지	11월중	12월 22일경
소서	6월절	7월 7일경	소한	12월절	1월 6일경
대서	6월중	7월 23일경	대한	12월중	1월 21일경

* 24절기는 양력에 따른 것으로, 한 해 농사의 기준이 되었으므로 예부터 중요시되었다.

라 해서 특히 중요시되었다. 이 기간에는 민간의 소송사건도 농사일에 방해가 되면 연기했고, 하늘의 뜻을 거슬러 재해가 닥칠까 하여 사형집행도 미루었다.

그런가 하면 조선 초기의 야사에는 정승 황희가 늙은 농부의 언행에서 교훈을 얻었다는 일화가 전해 내려온다. 전통사회의 주력 산업은 농업이었다. 그래서 노련한 농부인 노농(老農)은 농사일의 전문가로 대접받았다. 국가나 지방의 수령이 농사일에 대한 자문을 구할 때 가장 먼저 찾아간 사람이 바로 늙은 농부였다. 세종은 『농사직설(農事直說)』(1429)을 편찬하기 위해 삼남의 관찰사에게 농사기술의 수집을 명했다. 이때 세종이 강조한 것은, 당시 각 지역의 가장 선진적인 농사기술을 알고 있는 노련한 농부의 경험을 수집하는 일이었다. 말하자면 농업을 기반으로 하는 전통사회에서는 일생 동안 축적된 노농의 농사 경험이 사회적 권위로 인정받았던 것이다. 이 기술은 다음 세대로 전승되었고, 한 가족은 노농을 중심으로 내부의 분업체계를 구성하고 있었다. 그러나 개항을 계기로 우리 사회에서도 근대사회의 빠른 변화가 한 세대 내부에서 급격한 환경이나 가치의 변화를 초래하게 됨에 따라 이러한 패턴은 크게 바뀌기 시작했다.

한편, 조선시대에는 하루를 다시 세분하여 100각(刻)으로 나누는 시간관념도 뚜렷해졌다. 17세기가 되면 시헌력(時憲曆)의 영향을 받아 하루가 96각으로 바뀐다. 이때 1각은 오늘날의 15분에 해당한다. 밤시간을 5등분해서 1경부터 5경으로 부르는 관행도 고려시대에 시작했을 것으로 추정되는데 조선 초가 되면 이런 관행이 확실해진다. 1경(更) 3점(點)에 북과 징을 치고 종로의 종각에 매달린 큰 종을 28번 타종하여 '인경(人定)', 즉 통금 시작을 알리고, 5경 3점이 되면 33번을 타종하여 '파루(罷漏)', 즉 통금 해제를 알렸다. 이런 관행은 근대화 바람 속에 소멸하고 1884년부터는 창덕궁의 금천교에서 대포를 쏘아 정오, 인경, 파루를 알렸다. 나중에 대포가 사이렌으로 바뀐 한참 뒤까지도 이런 기억이 남아, 사이렌 소리를 "오포(午砲) 분다"라고 하기도 했다. '오포'란 '정오에 쏘는 대포'라는 뜻이다.

잃어버린 시간 43일과 시간의 '합방'

조선시대까지 지켜오던 전통적인 시간관념은 개항 무렵부터 크게 바뀌었다. 여기서 전통적인 시간관념이라고 한 것은 우리가 통상 음력이라고 부르는 태음태양력 체계이다. 조선 후기의 역법으로는 청나라의 시헌력이 통용되었다. 또한 이미 살펴보았듯이 이 시헌력의 영향으로 하루는 다시 96개의 세분된 단위로 인식되고 있었다.

개항은 조선이 세계 자본주의 시장경제에 편입되는 출발점이 되었다. 다른 방면과 마찬가지로 시간관념도 유럽의 경험에 토대를 둔 국제적 통용기준에 따르게 되었다. 역법으로는 태양력인 그레고리우스(Gregorius)력이 일반화되어 있었다. 따라서 이 역법은 근대적 시간관념에 해당한다고 볼 수 있을 것이다.

고종은 갑오·을미개혁의 하나로 1895년 11월 17일(음력)을 1896년 1월 1일(양력)로 선포하고 연호를 '건양(建陽)'이라 했다. 이때 시헌력은 그레고리우스력으로 전환되었다. 따라서 공식적인 문서들에서 1895년 11월 17일부터 1895년 12월 30일까지의 시간은 찾을 수 없게 되었다. 이른바 '잃어버린 시간'이 된 것이다. 그러므로 이 '잃어버린 시간 43일'은 우리 사회에 근대적 시간관념이 들어오던 초기 모습을 단면이나마 보여 준다.

새로운 시간관념이 수용되는 데는 약간의 시간이 필요했다. 1896년부터 1908년까지 대한제국 정부는 공식적으로 두 가지 서로 다른 역서, 즉 명시력(明時曆, 1897년에 시헌력을 고쳐 부른 이름)과 태양력을 동시에 발간했다. 이러한 '시간의 이원화'는 전례 없는 일로, 전혀 다른 성격을 가진 두 개의 시간구조가 경합하기 시작했음을 의미했다.

1908년이 되면 명시력이 중단되고 시간관념이 일원화되어 시간의 이원화 현상이 사라졌다. 그러나 근대적 시간관념이 공식적으로 시행된 것은 일제강점 후인 1911년의 '조선민력(朝鮮民曆)'에서였다. 조선총독부는 총독부관측소 이름으로 조선민력을 발행·배포했는데, 처음에는 24만여 부를 발행하다가 1910년대 말에는 50만 부로 늘렸다. 조선민력은 연호를 '메이지(明治)'로, 국경일도 일본 국경일로 대체했다. 해방 후

미군정 시기에도 양력이 사용되었
다. 이승만 정권에서는 연호가 양
력에 바탕을 둔 단군기원으로 바
뀌었다. 그러다가 5·16군사정변
직후인 1962년부터 지금의 연호체
계인 '서기'를 채택했다.

　그런데 근대적 시간관념의 특성
은 하루를 세분하는 단위와 측정
방식에서 더욱 뚜렷하게 나타났
다. 시계는 하루를 오전과 오후 각
12시간으로, 그리고 1시간을 60분,
1분을 60초로 각각 세분한 단위를
가시적으로 표현했다. 본래 물리
적 현실에 존재하지 않던 시간은
시계라는 발명품을 통해 더욱 구

그림 3-1 · 조선민력

체적인 것으로 여겨졌다. 시계는 다른 근대적 문물과 함께 우리나라에
도 도입되고 확산되었다. 이와 더불어 시간 개념도 퍼져 나갔다. 근대적
인 용어로서의 '시간(時間)'은 영어 'time'의 번역어에 해당한다. 이 용어
는 일본에서 만들어져 중국과 한국에 유통되었다. 한국에서는 『독립신
문』 창간호에 '우체시간표'라는 표현이 있다. 이로부터 1896년을 전후한
시기에 '시간'이란 용어가 이미 사용되었음을 유추할 수 있다. 그러나 근
대적 시간관념의 형성은 '시간'이라는 용어의 등장보다는 한참 후에 이
루어졌다.

고종 경자년(1900)에 인천으로부터 시작하여 서양서 온 쇠송아지(열차)가 경성에서 처음 왕래한 적의 일이다. …… 한번은 어느 외국 함대가 인천항에 들어와서 당시 대한정부의 여러 대관들을 함 중으로 초대하므로 …… 시간관념이 분명치 아니하신 분은 발차시각 1, 2시간 전부터 오신 이도 적지 아니한데, 자기 집의 차부를 부리듯이 어서 발차를 시키라 하여도 철도란 것은 …… 일정한 시간이 있는 것이라 하여 …… 차부(車夫) 노릇하는 위인이 대관의 차비 엄령을 항거하는 데 괘씸한 생각이 났었다 (『호랑이담배』, 『동명』, 1922년).

이 사례에서는 열차를 자신이 타고 다니는 '가마' 정도로 생각하는 의식이 드러난다. 당시 정부 고관들조차 근대 물질문명 및 그와 결부된 시간관념이 결여되었음을 잘 보여 준다. 그러나 역시 한국에서도 열차 운행이 근대적 시간관념 확산에 중요한 계기가 되었다. 비슷한 시기에 나타나고 있던 '화륜거 왕래시간' 기사를 보면 다음과 같다.

경인철도에 화륜거 운전하는 시간은 좌와 같다는데 인천서 동으로 향하여 매일 오전 7시에 떠나서 유현 7시 6분, 우각동 7시 11분, 부평 7시 36분, 소사 7시 50분, 오류동 8시 15분, 노량진 8시 40분에 당도하고…… (『화륜거 왕래 시간』, 『독립신문』, 1899년 9월 16일 자).

이와 같이 열차 통과 시간표가 각 지역마다 할당되면서 근대적 시간관념이 널리 퍼져 갔다. 시간은 잘게 분할되고 열차를 이용하는 사람들은 균질적이고 양화(量化)된 근대적 시간관념을 준수하게 되었다. 물론 열차를 이용하지 않는 사람들에게도 이러한 규칙적인 열차 운행은 시간을 알리는 중요한 기준으로 작용했다.

1910년 일제는 한국을 강제병합한 뒤 제반 시책과 함께 시간도 통일하고자 했다. 서울의 자오선은 동경 127도이고 일본 도쿄의 자오선은 135도라서 한국과 일본의 표준시는 30여 분의 차이가 있었다. 1912년부터 한국의 표준시간은 일본의 표준시에 통합되었다. 이승만 정권기인 1954년부터 반일 여론을 고려해서 독자적인 표준시를 채택했으나 5·16 군사정변 직후부터 다시 일본의 표준시로 회귀했다.

2. 시간관념의 확산과 시간 사이의 경쟁

'시(時)의 기념일' 선전과 일일생활계획표

조선총독부는 시간관념을 보급하기 위해 매년 6월 10일을 '시(時)의 기념일'로 삼았다. 6월 10일로 정한 것은 일본의 전설에서 유래한 것이다. 이날이 7세기에 '덴지(天智) 천황'이 물시계로 시간을 알리기 시작한 날이라는 것이다. 1921년부터 조선총독부는 서울은 물론 각 지방관청이나 단체가 이 기념일 제도를 실시하도록 했다. 관청은 학생과 부인조직을 동원하여 캠페인을 벌였다. 총독부 기관지에 해당하는 『매일신보』를 통해서도 기념일 선전은 이루어졌다.

'시의 기념' 선전
취침 시간, 기상 시간, 식사 시간을 정하게 합시다.
근무 시간을 지킵시다.

그림 3-2 • 손목시계 광고

집회 시간을 지킵시다.

방문 시간을 주의합시다.

정확한 시계를 소지합시다.

『매일신보』, 1922년 6월 10일 자)

시의 기념일의 핵심적인 구호는 '시간 존중'과 '정시 여행(定時勵行)'이었다. '시간은 금이다', '시간을 지키자', '시계를 바르게 맞춰라' 등이 주요한 대중적 표어였다. 1924년 전라남도에서는 신문광고를 통해 시의 기념일에 관한 포스터 도안과 창가를 현상 모집했다. 포스터 30여 종, 창가 70여 수가 여기에 응모했다. 당시의 이 캠페인은 주로 재조선 일본인 사회를 중심으로 진행되었다. 포스터 도안 입상자 3명, 창가 입상자 4명은 모두 일본인이었다. 전라남도는 당선 포스터 5,000매를 인쇄하여 관공서, 학교, 정거장, 회사, 공장, 극장, 이발점, 기타 공공장소에 게시했다. 당선 창가는 도내 학생들이 부르도록 했다. 1920년대 중반 이후가 되면 시의 기념일 행사는 점차 한국인 사회에도 파급되기 시작했다.

그러나 이미 1920년대 초부터 한국인들 사이에서도 문화계몽운동 차원에서 근대적인 시간관념을 보급하는 일이 일어났다. 잡지『동명』편집진은 '주부의 일일생활계획표'를 게재했다. 그러면서 가정의 일상이 근

표 3-2. 주부의 일일생활계획표

06:00~08:00	기상, 아침 식사 준비, 출근·등교 시중
08:00~10:30	남은 식구 아침 식사, 설거지와 뒷정리
10:30~13:30	독서 또는 자녀와 자신의 의복 손질, 빨래, 점심 식사
13:30~16:00	바느질, 손님 접대
16:00~17:00	자제와 공부
18:00~19:00	저녁 식사
19:00~20:00	가족과 담소
20:00~21:30	자녀의 학습 점검

출처: 『동명』 1922년 10월 8일 자.

대적인 시간관념을 지닌 주부에 의해 합리적으로 개조되어야 한다고 역설했다.

또한 손목시계는 당시에 세간의 주목을 받던 '신여성' 또는 '모던 걸'을 상징하는 중요한 장신구가 되었다. 이는 한국 사람들도 근대적 시간 체계에 본격적으로 편입된 것을 상징적으로 보여 준다. 사람들은 시계를 항상 휴대하고 매 순간마다 시간을 확인하며 분, 초 단위까지 세분화된 시간 리듬 속에서 살아가도록 권유받게 된 것이다. 1928년 12월에 나온 『별건곤』 제16·17호에도 이런 모습을 엿볼 수 있다. 이 잡지는 윤치호, 문일평, 현진건 등 여러 분야의 명사 27명에게 '실제로 하루의 생활을 사용하는 방식'을 묻고 있다. 이 특집의 의도는 '하루 일의 시간적 배분'에 대한 독자들의 관심을 촉구하려는 데 있었다. 이후에도 이런 종류의 기사는 지속적으로 실렸다.

기념일투쟁

근대적인 시간관념의 확산은 반드시 일방적으로 진행되지는 않았다. 특히 식민지 조선에서는 근대적 시간관념에 대한 저항감이 두드러지게 표출되었다. 시간에 관한 근대적 시책과 제도가 일본 제국주의라는 타민족의 권력 주도로 이루어졌기 때문이다. 상해의 대한민국 임시정부에서도 1919년에 이미 독자적인 민력을 작성해서 간도 등지에 배부한 바 있다. 총독부의 조선민력에 대항하려는 의도에서였다. 식민지 조선에서는 이러한 갈등이 기념일 문제를 둘러싸고 나타났다.

본래 한국의 국경일 제도는 대한제국 시기, 특히 1895년 이후 약 10여 년간에 걸쳐 확립되었다. 이때 황제와 황실 관련 축일이 큰 비중을 차지했다. 1908년 7월에는 황제와 황후의 탄신일을 각각 '건원절'과 '곤원절'로 개정하는 등 황실 경축일이 국가의 경축일로 완전히 전환되었다. 그러나 이런 경축일 제도는 대한제국의 멸망으로 큰 변화를 겪었다. 총독부는 1912년 칙령으로 축제일을 지정했다. 한민족이나 구황실의 기념일 대신 일본의 천황제와 관련된 경축일을 식민지 조선에서도 그대로 시행했다. 예컨대 기원절(紀元節)은 일본을 건국했다는 '진무(神武) 천황'이 즉위한 날이었다. 천장절(天長節)은 일본 '천황'의 생일을 축하하는 날이며, 명치절(明治節)은 '명치 천황'의 생일을 축하하는 날이다. 또 군사 관련 기념일, 즉 육군 기념일과 해군 기념일이 매우 중요시되었다. 육군 기념일은 일본이 1905년 러일전쟁 중 봉천전투에서 승리한 것을 기념하는 날이며, 해군 기념일도 러일전쟁 승전에서 기인했다.

식민권력에 의해 위로부터 제정된 이러한 기념일은 한국 민중에게 순탄하게 받아들여지지 않았다. 공식적 기념일과는 다른 대안적 기념일을 기억하고 기념하려는 일종의 기억투쟁이 있었다. 갖가지 형태의 관습적 저항도 있었다.

기념일투쟁은 통상 상이한 시간과 공간에서 서로 다른 의례로 이루어졌다. 동일한 시간에 서로 다른 의미로 의례를 거행하기도 했다. 후자의 경우 양자가 직접 충돌할 가능성은 더 컸다. 광주학생항일운동이 여기에 해당한다. 1929년 11월 3일은 일제의 명치절이자 한국인에게는 음력으로 개천절이었다. 양력과 음력, 일본 국가의 기념일과 한민족의 기념일이 서로 경쟁·갈등했던 것이다.

일제와는 구분되는 대안적 기념일에는 3·1절, 국치일(國恥日), 정음반포일(가갸날 또는 한글날), 개천절 등의 민족적 기념일이 있었다. 메이데이, 소련혁명기념일 등 사회주의적 기념일도 있었다. 식민권력이 미치는 영역에서 이런 대안적 기념일 행사는 공식화되기 어려웠다. 그러나 국내외에서는 행사가 꾸준히 이루어졌다. 국외의 조선민족혁명당이나 대한민국 임시정부 등은 8월 29일 국치일이 되면 국권상실을 반성하고 조국광복의 결의를 다졌다. 또 1923년부터 실시되었던 메이데이 행사도 국내에서 성황리에 치러졌다. 그러나 메이데이 행사는 1925년 4월 전조선민중운동자 대회에서 군중들이 적기를 들고 시위한 것을 계기로 일절 금지되었다.

식민권력이 부과하는 기념일에 대한 또 다른 저항은 전통적 시간감각에 기초한 민중의 습속이었다. 민족의 세시풍속 가운데 가장 중요한 명절은 설과 단오, 추석이었다. 특히 설날은 식민권력 및 지식인 집단의 계몽적 기획이 민중의 습속과 적지 않은 긴장을 자아냈다. 이러한 긴장은 역(曆)의 사용에서 가장 중요한 쟁점인 양력과 음력의 문제를 중심으로 조성되었다. 1910년대부터 일제가 양력을 사용하고 음력 폐지를 유도하면서 1920년대 후반이 되면 음력 폐지론이 한국인 사회 내부에서 공공연하게 등장했다. 음력 폐지와 양력의 전면적 사용을 주장한 대표적인 한국인 단체는 계명구락부였다. 계명구락부는 1928년 1월 정기총회에서 음력을 폐지하고 양력을 실행하며 족보를 폐지할 것을 결정했다. 연기군 면서기였던 배상철도 『조선』(제124호, 1928년 2월)에서 "음력은 틀림이 많고 음력과세는 해가 바뀌고 한참 후에 하는 신년인사로 철모르는 일"이라고 비판했다. 그러나 같은 글에서 배상철은 다음과 같은 이유로 대다수 민간에서는 음력을 사용하고 있다고 했다. 첫째로는 양력은 서양 역서라는 관념, 둘째로는 일진이 없어서 길흉의 법을 추지할 방도가 없다는 것, 셋째로는 절후가 없다는 것이었다. 우리는 이 글을 통해 1920년대 후반까지도 민간에서는 주로 음력을 사용하고 있었음을 알 수 있다. 이런 사정을 우려해서 계명구락부의 박승빈은 1934년 이중과세의 폐해를 지적하면서 다음과 같이 말하고 있다.

…… 과세쯤이야 양력으로 못 고칠 것이 무엇입니까? 속칭 양력설은 일본설이고 음력설은 조선설이라고 하지만 그는 다 무식한 사람이 하는 말이지요. 양력이 어디 일본 것인가요. 조선서도 양력을 쓰기 시작한 것이 37년쯤 전이지만, 일본은 그보다 조금 먼저 서양 것을 가져다 썼을 뿐입니다(박승빈, 「이중과세의 폐해」, 『별건곤』, 1934년 2월호).

이후에도 조선총독부는 '조선민력'을 '약력(略曆)'으로 개칭하고 1937년부터 각종 행사에 양력을 사용할 것을 강화했다. 그러나 이를 따르는 한국 사람들은 많지 않았다. 그러자 관측소에 지시해서 양·음력 대조표를 각 관공서와 학교에 비치했다.

식민지의 모던타임스: 면방대기업 기숙여공의 하루 일과

일제 식민지기에 근대적 시간 리듬을 전파하는 주요 매개체는 학교와 공장이었다. 보통학교의 조회는 교장의 훈시와 하루 일정 전달로 이루어졌다. 이는 학생들에게 달갑지 않은 근대적 시간 훈련의 시작이었다. 일제 말기에 학생 수는 학령 아동의 50퍼센트에 육박했고, 해방 후인 1947년에는 200만 명을 넘었다. 그러므로 학교는 근대적 시간관념을 확산하는 데 큰 역할을 담당했다고 할 수 있다.

한편 근대적 공장도 동일한 역할을 수행했다. 공장에서는 기계적인 움직임에 잘 적응하는 참을성 있는 인력이 적합했다. 그 영향력은 중소 규모 공장보다 대규모 공장이 더 컸다. 중소 규모의 공장은 일거리 분량에 따라 작업시간이 들쭉날쭉했다. 고무공업이나 제사업의 경우, 바쁠 때면 하루 12시간이나 14시간씩 장시간 노동을 하다가도 일감이 없으면 며칠씩 쉬기도 했다. 그러나 종연방적(鐘淵紡績)이나 오노다(小野田) 시멘트공장 등 대규모 공장들은 24시간 동안 공장을 쉬지 않고 가동하기 위해 작업시간을 엄격하게 관리했다. 출근 카드를 사용해서 출퇴근을 통제하는가 하면, 사이렌이나 조장·반장의 명령을 이용해서 작업의 진행방식을 통제했다.

그러나 한국인 노동자들이 이러한 근대적인 시간규율에 곧바로 적응하기는 어려웠다. 어느 면방대기업의 다음 기록은 통근제도에서 기숙사제도로 이행하는 저간의 사정과 그 결과로 생겨난 기숙여공의 열악한 하루 일과를 잘 보여 주고 있다.

직공은 최초 통근제도를 채택하였다. 이는 조선인의 생활이나 관습에

표 3-3 · 면방대기업 기숙여공의 하루 일과

갑반(오전반)	
기상	오전 4시 30분
청소 및 아침	오전 4시 30분~오전 6시
작업 시작	오전 6시
점심식사	정오 12시
작업 마침	오후 6시
저녁식사	오후 6시부터
목욕, 휴식 및 청소	
취침	오후 9시
교화계 교육	오후 9시~오후 10시

출처 : 『동양방적주식회사』, 1986.

적응할 기숙사 설비의 곤란을 고려하였기 때문이다. 그러나 통근제도를
실시하는 것만으로는 불가능하다는 것을 알게 되었다. 시간을 정해서 집
단적으로 근무하는 것은 이것에 익숙하지 않은 현지인에게는 적지 않은
고통이라는 것을 보게 되었고, 결근자가 속출하여 이 일을 책임 맡고도
다음 날부터는 출근하지 않는 등의 양태가 나타나 통근제도는 완전히 실
패로 끝났다. 그리하여 내지(=일본)와 똑같은 기숙사 제도를 채용하게 되
었고, 다대한 비용을 들여 기숙사를 건축하였다. …… 종업원이 요사(寮
舍)생활에 익숙해지면서 통근시대의 결함은 점차 고쳐졌고 작업 능률은
점차 향상되기에 이르렀다(『동양방적주식회사』, 1986).

여공들은 오전 6시부터 작업하기 시작하여 12시간을 꼬박 공장에 머
물러야 했다. 그리고 기숙사에 있었기 때문에 잠자는 시간을 쪼개어 교
화교육을 받기도 했다. 3평(9.9m²) 남짓한 일본식 다다미방이 즐비해 있
는 사내 기숙사는 한 방에 평균 십수 명이 들어가 살았다. 문 출입구에

는 수위가 교대로 당번을 섰으며 사감은 날카로운 시선으로 그들의 행동을 끊임없이 감시했다. 철창과 죄수복만 입지 않았을 뿐이지 감옥이나 다름없었다. 그렇다고 기숙사를 나오기도 힘들었다. 여공들의 작업을 통제하려는 회사 측의 강압적인 요구도 한 원인이었다. 낮은 임금으로 생활하려면 어쩔 수 없이 기숙사에 머물러야 했던 까닭도 있었다. 대규모 면방직공장의 경우 여성노동자의 70~80퍼센트가 기숙사생활을 했다. 한 신문 기사는 그들의 낮은 임금과 열악한 노동조건을 다음과 같이 고발하고 있다.

전 직공의 총수를 절반씩 주야로 갈라 1주일마다 낮과 밤을 바꾸면서 1년 365일 동안 공장의 기계는 1초 동안도 놀리지 아니한다는 것이다. …… 100도에 가까운 열도(熱度)에 먼지가 섞인 공기를 호흡하며 침침한 공장 속에서 뼈가 아프고 살이 닳도록 일하는 여공들은 대개가 16~17세의 아리따운 처녀들과 20세 전후의 젊은 여인들인데, …… 처음 들어온 여공들은 하루에 15~16전(錢)이 최고로, 6~7년을 이 속에서 늙고 시달린 숙련공이래야 최고 30~40전이라 하니 이 얼마나 근소한 수입인가. …… 그리고 먹는 음식 역시 한 공기(보통 공기만함) 남짓 드는 양철 그릇에 보리와 값싼 쌀로 지은 밥(증기로 쪄서)과 김치쪽이 그들의 정식이라 한다. 그나마 아침은 너무나 이르고 점심은 먹을 시간이 모자라며 저녁은 온종일을 시달려 기진하여서 옳게들 먹지 못하고 그 적은 양의 밥을 남긴다고 한다. …… 얼굴빛은 마치 중병이나 앓고 난 사람처럼 창백한 빛이 가로질러 있으며, 신체는 쇠약해져서 요즈음같이 더운 철에는 간간이 졸도하는 직공도 비일비재라 한다.

이 기사는 『조선중앙일보』 1936년 7월 초의 것으로 조선방직 여공의 실태를 보도한 것이다. 이들은 저임금을 받으면서 장시간 노동에 혹사당했다. 임금은 일본인 남성노동자 임금의 4분의 1에서 6분의 1, 한국인 남성노동자 임금의 절반 수준에 불과했다. 당시 현미 한 가마가 27원 94전이었던 점에 비추어 본다면 그들의 임금이 어느 정도였는지 알 수 있다.

3. 새로운 기념일, 새로운 연호

해방은 통일독립국가 수립으로 이어지지 못하고 3년의 모색기간을 거쳐야 했다. 해방되던 해에 민간에서는 민족정신을 함양하고 민족적 정체성을 회복하기 위해 각종 기념식을 거행했다. 먼저 단군전봉건회(檀君殿奉建會)가 결성되어 1945년 11월 7일(음력 10월 3일) 개천절 기념식을 거행했다. 국조 단군을 숭배하는 이날은 1946년부터 공휴일로 지정되었다. 또 남조선대한국민대표민주의원의 추천으로 1946년부터 3월 1일을 경축일로 정했다. 그리고 조선어학회 주관으로 1945년 10월 9일에 한글날 기념식을 거행했다. 이듬해인 1946년의 한글반포일이 공휴일로 제정되었다. 한편 8·15해방 기념일은 미군정과 한국민족의 공동주최로 기념식을 거행했다. 이날은 한국의 해방뿐 아니라 세계적으로 민주국가의 승리를 기념하는 의미가 있다는 이유에서였다.

이처럼 해방을 맞은 한국인은 '한국 사람으로서의 정체성'을 회복하고자 노력했다. 그러나 미군정하에서는 제약이 따랐고, 미군정의 통치정책과 조율되어야 할 부분이 적지 않았다. 1948년 8월 대한민국 정부가 수립되자 좀 더 자유로운 논의가 시작되었다. 대표적인 것이 연호에 관한 논의이다. 이승만이 대통령 취임에서 연호를 '대한민국 30년'으로 사용한 것을 계기로 국회에서 연호 사용에 대한 정식 토의가 이루어졌다. 법제사법위원회에서는 단기연호 사용을 결의했다. 정부 측은 대한 민국 임시정부가 수립된 1919년을 건국 원년으로 하는 '대한민국 30년'을 주장했다. 국회에서의 토의 결과 단기연호를 사용하기로 결정이 났다. 단기연호는 동년 9월 25일자 법령으로 제정·시행되다가 박정희 군사정권이 1961년 12월에 공포한 법률로 폐지되었다. 이때부터 단기연호 대신 서기연호가 사용되어 오늘에 이르고 있다.

✤ 참고문헌

강이수, 「공장체제와 노동규율」, 김진균·정근식 편저, 『근대주체와 식민지 규율권력』, 문화과학사, 1997.

김현일, 「시간과 서양문명」, 『역사비평』, 통권 제50호(2000년 봄호), 역사비평사, 2000.

김혜수, 「해방 후 통일국가수립운동과 국가상징의 제정과정: 國號·國旗·國歌·國慶日 제정을 중심으로」, 『국사관논총』, 제75집, 1997.

박성래, 「한국 전근대 역사와 시간」, 『역사비평』, 통권 제50호(2000 봄), 역사비평사, 2000.

염정섭, 「농민의 하루살이와 한해살이」, 한국역사연구회 지음, 『조선시대 사람들은 어떻게 살았을까 1: 사회·경제생활 이야기』, 청년사, 1996.

이원, 『시간적 인간: 시계 없는 삶을 위한 인문학』, 지식의날개, 2016.

이정모, 『달력과 권력: 달력을 둘러싼 과학과 권력의 이중주』(개정판), 부키, 2015.

이진경, 『근대적 시·공간의 탄생』, 푸른숲, 1997.

이창익, 「근대적 시간과 일상의 표준화」, 『역사비평』, 통권 제59호(2002년 여름호), 역사비평사, 2002.

정근식, 「시간체제의 근대화와 식민화」, 공제욱·정근식 편, 『식민지의 일상, 지배와 균열』, 문화과학사, 2006.

정상우, 「개항 이후 시간관념의 변화」, 『역사비평』, 통권 제50호(2000년 봄호), 역사비평사, 2000.

황병주, 「근대적 시간의 등장」, 한국역사연구회 편, 『우리는 지난 100년 동안 어떻게 살았을까 2: 사람과 사회 이야기』, 역사비평사, 1999(1998).

2부

근대적 호명, 새롭게 부르는 이름

4장

여성
거리로 나서다

이임하

1. 부녀와 여성[*]

개항 뒤 몇몇 외국인들이 선교나 여행 또는 외교를 목적으로 조선에 들어왔다. 그들은 피부색과 풍습을 비롯해 모든 면에서 자신들과 다른 조선인의 모습과 생활을 기록했는데, 다음의 두 글은 영국인 여성과 프랑스인 남성이 묘사한 한양의 풍경 가운데 하나로 빨래와 다듬잇방망이 질하는 여성들의 모습이다.

한국 어디든지 강이나 개울에 가면 부인들이나 계집아이들이 빨래를 하고 있는 것을 볼 수 있다. 그들은 흐르는 물가에 반듯한 돌멩이를 찾아서 그 위에 빨래를 놓고 방망이로 두드려서 깨끗하게 때를 뺀다(엘리자베스 키스·엘스펫 K. 로버트슨 지음, 송영달 옮김, 『코리아 1920~1940』, 책과함께, 2006).

---

[*] 이 글의 일부는 『이임하의 여성사 특강』(철수와영희, 2018)에서 인용했음.

조선 여인에게 밤낮으로 의관을 손질하는 일이 없다면 소일거리가 없어지는 것이나 다름없는 것이다. 한양은 아주 큰 세탁소와 같아서 다듬잇방망이질 소리가 멎는 일이 없다. 아낙네들은 가장이 훤히 빛나도록 의복을 손질하는 것이다. 그래서 조선 남정네들에게 삶은 즐겁게 여겨진다(조르주 뒤크로 지음, 최미경 옮김, 『가련하고 정다운 나라 조선』, 눈빛, 2006).

　　이방인들에게 비친 한양은 거대한 세탁소라고 묘사될 정도로 조선의 여성들은 개울가에서 빨래하는 모습과 다듬잇방망이질 소리로 기억되었다. 거리는 온통 흰옷을 입은 사람들로 붐비고, 그렇게 흰옷을 만들기 위해 개울가에 모여 빨래하고 집집마다 방망이질하는 조선여성들의 노동이 이들 이방인들에게는 안쓰럽게 비친 모양이다.

　　동정의 시선과 함께 이들 글에 등장하는 여성들의 모습은 바로 '계집아이'와 '부인들', 두 부류로 나뉘어 있다. 전근대에 여성들은 결혼하지 않은 계집아이와 결혼한 부인으로만 존재했다. 결혼은 여성의 정체성과 삶을 지배했고 다른 방식의 삶은 생각할 수 없었다. 따라서 기생이나 천민 여성을 고려하지 않는다면 전근대 여성은 '부녀(婦女)'만이 존재했다고 할 수 있다.

　　그러나 개항 뒤 새로운 문물이 소개되면서 다양한 경험과 독립된

그림 4-1 • 다듬잇방망이질하는 여성들의 모습

인격을 지닌 여성의 모습이 드러나기 시작했다. 그 변화의 시작은 여성을 위한 학교가 세워지고 초등교육과 중등교육을 받는 여성의 등장이었다. 또 공장이나 상점, 카페, 백화점 따위에서 일을 하는 직업여성이 나타나고, 다양한 여성단체가 결성되었다.

여성들은 계집아이와 부녀만이 아닌 여학생, 직업여성, 사회운동가 등으로 불리게 되었고, 독립된 인격체로서의 여성이 부각되었다. '신여성'의 범주와 호칭은 이러한 변화를 가장 잘 드러내는 지점이다.

> ……
> 너는 간다. 태양의 딸이여.
> 산비탈로, 가시덩굴로,
> 고난과 모욕과 무고를, 핍박을, 냉소를
> 모든 선구자의 슬픔과 아픔을 무릅쓰고 간다.
> 이는 네 혈관 속에
> 조상이 남긴 피의 좋은 방울방울이 새로 오는 탄생을 보고 튀는 까닭이다.
> 도덕 속에 부도덕을,
> 부도덕 속에 큰 도덕을 보는,
> 남자의 구부린 모든 의식적 표준에는
> 속지 않는 눈을 신념을 가진 때문이다.
> 폐허 위에 새로운 건축도를, 미래의 네 고향을,
> 분명히 보았기 때문이다(요한, 「신여자송」, 『신여성』, 1924년 9월호).

잡지 『신여성』에 실린 시 「신여자송」이다. 이 시에서 신여성의 모습은 억압적인 가부장제 사회를 부수고 나갈 선구자로 그려졌다. 곧 신여성은 봉건적 유습을 극복하고 근대사회를 이끌어 갈 독립된 인격체이자 새로운 주체인 근대의 상징이었다. 신여성은 개화기 여성교육이 시작되고, 여성이 주체가 되어 단체를 조직하면서 그 모습을 나타내기 시작했다.

2. 여성들에게 부는 개화의 바람

여학교를 만들어 달라

개화의 바람이 여성들에게로 불어오자 아래의 통문에서처럼 여성들은 신체가 남성과 다름이 없는데 사람 구실을 못 한다고 탄식했다.

혹자 신체와 수족과 이목이 남녀가 다름이 있는가. 어찌하여 병신 모양으로 사나이의 벌어 주는 것만 먹고 평생을 심규(深閨)에 처하여 그 절제만 받으리오. 이왕에 먼저 문명개화한 나라를 보면 남녀가 일반사람이라 어려서부터 각각 학교에 다니며 각항(각가지) 재조를 다 배우고 이목을 넓혀 장성한 후에 사나이와 부부지의(夫婦之義)를 정하여 평생을 살더라도 그 사나이의 일로 절제를 받지 아니하고 도리어 극히 공경함을 받음은 다름 아니라 그 재주와 권리와 신의가 사나이와 일반인 연고라 어찌 아름답지 아니하리오. …… 어찌하여 신체 수족 이목이 남자와 다름없는 한 가지 사람으로 심규에 처하여 다만 밥과 술이나 지으리오.

우리도 …… 타국과 같이 여학교를 설시하고 각각 여아들을 보내어 각항 재주와 규칙과 행세하는 도리를 배워 이후에 남녀가 일반사람이 되게 하려고 장차 여학교를 설시하오니 뜻있는 우리 동포형제 여러 부녀 중 영웅 호걸님네들은 각각 분발한 마음을 내어 우리 학교회원에 드시려 하시거든 곧 착명하시기를 바라옵나이다(『독립신문』, 1898년 9월 28일 자).

이 통문은 찬양회라는 여성단체가 조직될 때 발표한 글이다. '여학교 설시 통문'은 한국 근대 여성사 최초의 여권선언으로 조선여성들이 주체가 되어 여성교육기관을 세우려는 목적 아래 발표되었다. 찬양회는 1898년 9월 여학교 설립을 후원하기 위해 만들어진 단체였다. 찬양회원 100여 명은 같은 해 10월 대궐문 앞에 나가 고종황제에게 상소를 올려 관립여학교를 설립해 줄 것을 청원했다. 이 과정을 『제국신문』은 다음과 같이 보도했다.

승동 부인협회, 이름은 찬양회라 하는데 …… 그 부인들이 어제 상소를 올리는데 혹 교군을 타고, 혹 걷기도 하며 인화문 근처 장례원 주사 김룡규 씨의 집에 개회하고 상소를 받치고 그대로 있는데 상소 목적을 대강 들으니 대저 사람은 일반인데 남자가 벌어 주는 것만 먹고 규중에 들어 앉아 죄인 모양으로 권리도 없고 학문이 없을뿐더러 어디를 다니더라도 교군을 타든지 장옷을 쓰지 아니하면 급한 일이 있어도 마음대로 출입을 못 하니 장옷 쓰지 말고 교군 타지 말고 우산이나 들고 다니게 하여 달라고 하는 목적이라더라.

상소의 내용은 관립여학교를 설립하여 줄 것을 청원하는 데에 그 대의명분을 두고 있었지만, 그들의 첫 요구는 자유로운 문밖 출입권에 있었다. 문밖 출입은 곧 '학문이 없고', '남자들이 벌어주는 것만 먹고', '죄

인 모양 권리 없는' 여성의 상태와 봉건적 질곡을 무너뜨리는 첫걸음이
었다.

찬양회 회원들이 이후에도 여러 차례 상소를 올리자 이듬해 여학교
설립 운영비가 책정되어 내각회의에서 논의되었지만 학교설립이 순조
롭게 진행되지는 않았다. 그래서 찬양회는 자신들의 힘을 모아 1899년
2월 순성여학교를 설립했다. 승동에 있었던 이 여학교는 민간인이 세운
최초의 여학교였다.

물론 여학교는 순성여학교가 만들어지기 이전에도 1886년 감리교 여
성선교사 스크랜턴(Mary Scranton)이 고아들을 모아 세운 이화학당이 있었
다. 그 뒤 정신여학교 등이 잇달아 세워졌지만 대개 서양 선교사들이 세
운 학교였고, 순성여학교는 순전히 조선여성들에 의해 세워졌다. 이 학
교의 학생 수는 30명이었고, 연령은 7~8세부터 12~13세까지, 교육 정
도는 초급 과정으로 교과서는 학부에서 제정한 것을 채택했다.

찬양회는 관립여학교 설립을 목적으로 조직되었지만 그 밖에도 성인
여성들을 대상으로 연설회와 토론회도 개최했다. 또한 독립협회에도 관
여해 만민공동회운동에 찬양회원들이 적극적으로 참여했다. 이러한 찬
양회의 활동에 대해 황현은 『매천야록』에서 "북촌 여학생 부녀들이 여제
자를 모집 입학게 하(여) 남녀동권을 얻고자 한다"라고 언급했다.

찬양회의 활동은 독립협회가 대한제국의 탄압을 받으면서 약화되었
다. 을사조약 뒤로는 교육운동 중심의 여성단체가 많이 조직되었다. 대
표적으로 대한부인회, 한일부인회, 여자교육회, 여자보학원유지회, 부
인학회, 진명부인회, 대한여자흥학회, 양정여자교육회 등이 있었다. 이
들 단체는 실업교육과 잠업교육 등과 아울러 소학교 규모의 여학교를
직접 설립하거나 학교 운영을 지원했다.

동포 중에 여자들도 국가 분자 되어 나서

......

일기 좋고 너른 뜰에 여자학생운동이라

연약상태 다 버리고 활발하게 나가 보세

앞설 여자 누구 있나 일등상은 내 것일세

......

앞의 글은 1907년 5월 25일 최초로 서울·경기 지역의 여학교 연합운동회가 열린 모습을 묘사한 것이다. 여학교 설립운동이 본격화되면서 『대한매일신보』나 『만세보』 등의 일간신문에서는 여학교 관련 기사를 많이 다루었다. 이제 여학생은 근대 지식과 독립된 인격체라는 역사적 존재로 부각되기 시작했다.

여자 동포님네 어찌 반지를 아깝다 하리오

국채보상운동은 1907년 2월 대구 대동광문회가 "국채 1,300만 원은 우리 백성, 나아가서 국가의 흥망과 직결된 문제이나, 현재 국고로는 감당할 길이 없는 우리 이천만이 스스로 절용 절감하여 국채를 보상할 길을 모색하자"라는 취지의 격문을 발표하면서 시작되었다. 일본에 빚진 국채 1,300만 원을 국민의 힘으로 상환하여 독립국을 이루자는 선언은 순식간에 전국적인 호응을 받았다. 그해 2월 22일 서울에 국채보상기성회가 조직되었고, 국채보상단체가 전국에서 조직되었다. 서울지역의 여성들은 이 소식을 듣고 '국채보상부인회'를 조직하고 대안동에 사무실을

마련했다. 서울의 소식이 알려지면서 각지의 여성들이 적극적으로 국채
보상운동에 참여했다.

경고, 우리 부인동포라!

우리가 함께 여자의 몸으로 규문에 처하여 삼종지도 외에 간섭할 사무
가 없사오나 나라 위하는 마음과 백성 된 도리에야 남녀가 다르리오. 국
채를 갚으려고 2천만 동포들이 석 달간 연초를 아니 먹고 대전(代錢)을 구
치한다 하오니 족히 사람을 흠감케 하리오. 정신이 아름다움이라. ……
대저 여자는 나라 백성이 아니며 화육 중 인물이 아니리오. 본인들은 여
자된 소치로 일신 소론이 다만 패물 등속이라 태산이 흙덩어리를 사양치
아니하고 하해가 가는 물을 가리지 아니하기로 큰 것은 도웁나니, 유지
하신 부인동포들은 다소를 불구하고 혈심의 연화와 국채를 청장하심이
천만행심(『대한매일신보』, 1907년 3월 8일 자).

이 호소문은 '대구 남일동 패물폐지부인회'란 단체의 이름으로 『대한
매일신보』에 실린 것이다. 호소문에는 여성도 남성과 동등한 권리를 갖
는 국민으로 손가락지 등 패물을 모아 국채를 청산하는 데 참여하자고
주장하고 있다.

여성들은 독자적으로 또는 단체를 조직해서 국채보상운동에 참여하
였고, 일가나 마을 단위 또는 동일 직업인들(가령 기생, 선생, 학생 등)이 모여
집단적으로 모금운동에 나섰다. 참여방법은 가락지, 비녀 같은 패물을
모으거나 반찬, 밥 등의 식량을 줄여 모으거나 현금을 모으기도 했다.

국채보상 여성단체로는 대안동 국채보상부인회, 부인감찬회, 국채보
상여자의성회(서울), 남일동 패물폐지부인회(대구), 국미적성회(인천), 국채

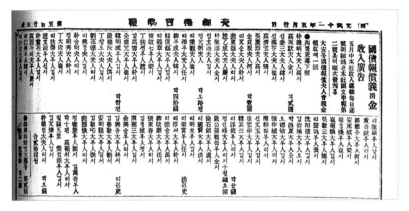

그림 4-2 • '대안동 국채보상부인회의연금 영수 제1회'라는 광고에 의연금을 낸 여성들의 명단
(『대한매일신보』, 1907년 5월 30일 자)

보상의무소(김포 검단면), 국채보상부인회(안성 장터, 진천군, 창원항의 세 곳), 부인의성회(남양군), 감선의연부인회(부산 좌천리), 단연동맹부인회(부산), 상화항패물폐지부인회(현 진남포), 부인급수보상회(청북 강계), 국채보상감반회(영흥군) 등이 있었다. 부인급수보상회에서는 종전까지 물장수에게 받아쓰던 물을 부인들이 직접 물을 길어 사용하여 물장수에게 지불했던 비용을 모아 국채보상금으로 내자고 결의했다. 이렇게 국채보상운동 과정에서 여성들은 일정한 목적을 달성하기 위해 단체를 조직하고 선언문을 발표하며 구체적인 참여방법을 제시했는데, 이러한 형태의 대중적 움직임은 처음 있는 일이었다.

이 운동에서 여성들은 사대부 부인부터 기생에 이르기까지 신분을 초월하여 참여했다. 나아가 이러한 참여는 남녀평등이라는 권리의식의 성장을 가져왔다.

대저 하느님께서 내신바 사람은 남녀가 일반이라 우리는 한국의 여자

로 학문에 종사치 못하고 다만 방적에 골몰하고 반찬에 분주하여 사람의
의무를 알지 못하옵더니 근일에 들리는 말이 국채 일천 삼백만 원에 전
국 흥망이 갚고 못갚는 데 있다는 말을 듣고 생각하니 슬프다. …… 이렇
듯이 국채를 갚고 보면 국권만 회복할 뿐만 아니라 우리 여자의 힘을 세
상에 전파하여 남녀동권을 찾을 것이니……(「탈환회취지서」, 『대한매일신보』, 1907년
4월 23일 자).

여성의 근대화론을 주장한 이들은 개화파들이었다. 이들은 국력을 강
화하기 위해 실력이 양성되어야 하고 실력을 양성하기 위해서는 여성도
바뀌어야 한다는 논리에 따라 여성개화운동을 촉구했다. 찬양회도 여성
단체를 지도하고 자문해 줄 남성찬성원제를 두었고, 일부 여성단체들은
남성의 지도로 조직되었다. 그러나 국채보상운동에 참여한 여성단체들
은 독자적으로 조직하고 활동했다.

여성들은 이 운동을 통해 "나라를 위하는 마음, 남녀가 다르지 않다"
라고 선언하며 사회활동을 전개했다. 이는 여성도 국민임을 인식하고
국민국가 안에서의 남녀평등을 인지하는 길이기도 했다.

3. 근대의 상징, 신여성

구여성과 다른 신여성의 모습

1920년대 신여성의 등장과 함께 쓰이기 시작한 '신여성'이란 호칭은
신여성을 자처하는 일부 여성들이 자신의 존재를 드러내기 위해서, 또

는 사회가 그런 부류의 여성들을 비난하기 위해 사용했다. 비록 낯설기는 했지만 신여성이란 호칭은 여성 일반을 부녀가 아닌 여성이라 부르게 된 계기를 마련해 주었다.

신여성은 영국의 'new women'에서 유래했는데 new women은 반남장 차림으로 '여성의 투표권'을 요구하거나 담배 피우는 모습으로 상징되었다. 유럽에서 유래된 new women을 일본에서는 '신부인(新婦人)', '신여성', '신여자' 따위로 번역해서 사용했다. 우리나라에서는 일본에 유학한 학생들을 중심으로 1910년대부터 '신여성'이란 말이 조금씩 쓰이기 시작해서, 1920년대 도시의 지식인 사회에서는 일반적인 용어로 자리 잡았다. 초기 신여성은 '새 시대의 유일한 선구자, 창작자'로 숭배되고 찬미되었으며, 이 같은 신여성에 대한 사회적 관심은 1920년대 중반 들어 절정에 달했다. 이는 근대에 대한 열렬한 동경 및 추구와 흐름을 함께하는 것으로, 신여성들은 곧 근대의 상징으로 여겨졌다.

신여성들이 사회적 관심을 끈 이유는 무엇보다 그들의 겉모습이 달랐기 때문이다. 뾰족구두, 양장, 양산, 모자, 어깨에 두른 숄, 안경 등은 신여성의 상징이었다. 개량한복을 입고 구두를 신고 거리를 활보하는 여성의 모습은 전근대 사회에서는 쉽게 찾아볼 수 없는 광경이었다. 양장에 서양식 장신구를 몸에 걸치고 뾰족구두를 신고 거리에 나서는 일은 서구의 유행에 대한 호기심도 있었지만 상당한 용기를 요구하는 모험이기도 했다.

특히 여성의 단발은 사회적으로 찬반논쟁을 불러일으킬 정도였다. 신여성, 모던 걸(modern girl)을 모단(毛斷)이라고 표현할 정도로 단발은 당시 여성에게는 구시대의 의식을 버리고 새로운 문명을 맞이한다는 것을 의미했다. 남성의 단발이 위로부터 강제되어 짧은 시기에 일회성 사건을 통해 이루어졌다면 여성의 단발은 여성들 스스로에 의해 비교적 긴 시간에 걸쳐 서서히 실현되었다. 신여성 가운데 단발한 최초의 여성은 기생 출신인 강향란이었다. 강향란은 남자처럼 살아보겠다는 뜻으로 중국 이발관에서 머리카락을 자르고 남자 양복을 입었다. 그러자 배화학교는 단발한 여자는 다닐 수 없다 하여 그녀를 퇴학시켰다. 배우 이월화, 소설가이자 배우인 김명순 등이 그 뒤를 이었다. 또한 사회주의자인 허정숙과 주세죽을 비롯한 여성운동가들은 낡은 제도에 대항한다는 뜻으로 함께 단발을 감행했다.

> 작년에 있어 여성단체의 활동으로 특기할 사실은 …… 여성운동자의 다수가 동맹 단발한 사실이다. …… 단순히 해방여성의 묵은 사회 묵은 계급들이 지지하고 있는 전통과 인습에 항거하는 묵은 도덕을 반대하는 그 일상에서만 그 의의를 찾아볼 수 있는 사실이다. 그러므로 여성의 단발은 항거를 위한 항거행위이다. 남성 전제사회의 습속과 도덕의 붕괴를 의미하는 것이니 남성 전제사회의 습속과 도덕의 붕괴가 어찌 단발의 일부 사실에만 지하리오(『동아일보』, 1926년 1월 8일 자).

여성의 단발은 여성이 남성화되거나 여성의 본분을 지키지 않는 행위로 비쳐졌고, 단발한 여성에 대해 사회적 비난이 쏟아졌다. 그러나 「미스코리아여 단발하시오」 같은 글에서 알 수 있듯이, 단발은 여성해방의 상징으로 여겨졌다.

> 요사이 남녀평등을 주장하고 여성해방을 부르짖는 신사상에 젖고 신풍조에 물든 신여성 여러분께 시비를 듣더라도 충고하고 싶습니다. 외국

문화가 배울 것이 많고 외국 풍조에 본뜰 것이 많으나 이 단발만은 아직
그만두십시오. …… 아무리 남녀평등이 되었다고 여자가 남자가 되는 것
은 아니지요! 그러면 여자는 여자로서의 본분이 있고 남자는 남자로서의
본분을 지켜야 하는 것이 아닙니까. 단발을 하고 직접 무슨 운동의 전선
에 나섰다고 큰 소리를 마시오(김병준, 「남녀토론 여자단발이 가한가 부한가」, 『별건
곤』, 1929년 1월호).

나는 차라리 우리들의 첫 삼십 년은 단발시대라고 부르렵니다. '보
브'(단발의 일종)는 '노라'로서 대표되는 여성의 가두진출과 해방의 최고의 상
징입니다. …… 지금 당신이 단발했다고 하는 것은 몇천 년 동안 당신이
얽매여 있던 '하렘'에 아주 작별
을 고하고 푸른 하늘 아래 나왔
다는 표적입니다(「미스코리아여 단발
하시오」, 『동광』, 1932년 8월호).

그림 4-3 • 짧은 치마를 입고 구두를 신고 있는 단발한 신여성의
모습(『신여성』, 6~7월호, 1925)

투사적 의지든, 여성억압에
대한 반발이든, 정절의 증명이
든, 생활의 편리함을 꾀하기
위해서든 단발은 당시 여성들
에게는 대단한 용기를 필요로
하는 사회에 대한 도전이요,
반항이었다. 곧 단발은 여성해
방의 표상이었다.

어떤 여성들을 신여성이라

고 말해야 하는지 합의는
이루어지지 않았지만 대개
다음과 같이 그 범주를 나
누고 있다.

나혜석, 김명순, 김일엽
등은 급진적 자유주의를 대
표하는 신여성들이었다. 이
들은 자유연애, 정조의 문
제, 섹슈얼리티 문제를 제
기했는데 당대의 성규범으
로 볼 때 급진적이었던 이

그림 4-4 • 신식 며느리와 구식 시어머니(『별건곤』, 제2호, 1926)

들은 '모성'에 앞서 여성이기를 강조했다. 가족 안에서 여성의 역할이나
모성보다 여성으로서의 정체성과 섹슈얼리티를 중시했던 김일엽은 철
저한 개인주의에 바탕하여 완전한 개인이 되자고 주장했다. 나혜석은
"정조는 도덕도 법률도 아무것도 아니요, 오직 취미다. 밥 먹고 싶을 때
밥 먹고, 떡 먹고 싶을 때 떡 먹는 것과 같은 것"이라고 선언했다. 나혜
석은 남녀평등과 자유연애, 자유결혼의 근대 이념에 공감하고 결혼의
목적은 남편과 아내를 얻는 것이며, "자녀는 부산물에 불과"하다며 부
부를 가족의 중심에 두었다.

급진적 자유주의 신여성들은 서구 부르주아 개인주의에 바탕한 여
성해방론의 영향을 받았다. 초기 급진적 자유주의 신여성들은 주체적
인 성애를 가지고 남성의 권력을 넘보는 존재가 되자 처벌의 대상이 되
었다.

급진적 신여성들이 자유연애, 주체적인 여성을 강조했다면 사회주의

신여성들은 계급모순에 바탕하여 반봉건 계급투쟁에 훨씬 더 무게를 실었다. 허정숙, 주세죽, 박원희, 정칠성, 정종명 등이 대표적이었다. 허정숙은 "조선여성의 과거와 현재의 경제적 조건의 필연적 추세로 조선여성을 무산계급에 처하게 했고, 따라서 조선 현재 환경 사정이 부인운동을 무산계급 부인운동화하게 하는 것이다"라고 주장했다. 정종명도 『실업지조선』에서 "여성해방을 하려고 해도 경제 문제부터 자기가 해결해야만 되겠습니다. 다시 말하면 경제 독립을 하여야겠다는 말입니다. 사회제도가 여성이 경제 독립하지 못하게 되어 있는 것입니다"라며 사회제도의 개선을 우선적인 과제로 제기했다.

일부의 지식인 사회주의 신여성들이 남성권력과 소문에 쉽게 무너졌던 것과 달리 여성노동자들은 고단한 현실과의 싸움을 통해 오히려 강인해졌다. 여성노동자들은 노동착취, 일본인 조선인 할 것 없이 작업반장으로 대표되는 남성권력의 성폭력에 시달리면서 여성의식, 민족의식, 계급의식을 각성하게 되었다. 대표적인 여성이 평원고무공장의 노동자 강주룡이다.

기독교 계몽교육에 영향을 받은 신여성들은 가부장적인 기독교 윤리를 수용했다. 일부일처제를 강조하고 순결을 강조한 기독교는 축첩제도라는 봉건 전통을 비판하면서도 유교적 가부장제의 정절론, 모성론과 맥락을 같이했다. 따라서 급진적 자유주의나 사회주의에 비해 기존질서와 갈등이 적었다. 기독교 계몽주의 신여성들은 언어를 매개로 기독교 세계와 식민지 근대 여성들 사이를 연결시켰다. 유학을 통해 영어나 일어를 할 수 있었던 이들은 자의건 타의건, 의식했든 의식하지 않았든 이미 친일·친미 성향을 띠지 않을 수 없는 역사적 조건에 노출되어 있었다.

모던 여성 십계명

1920년대가 되면서 여학교를 졸업한 신여성들이 나오기 시작했다. 초등교육과 비교하여 중등교육에서 여학생은 상대적으로 높은 비율을 차지했다. 고등보통학교에 다니는 학생 가운데 여학생은 1910년대 전반기 남학생의 25~35퍼센트에 이르렀다가 1920년대 중반기에는 15~20퍼센트로 떨어진다. 그 뒤 꾸준히 늘어나 1940년대에는 절반을 넘어설 정도였다. 또한 학교 수를 보면 1920년대 중반기를 제외한다면 여학교 수는 남학교 수의 절반 정도였다.

중등교육을 받은 여학생의 등장은 '부녀'만이 존재했던 전근대 여성 범주에 포함되지 않는 새로운 여성의 등장이었고, 이들은 가부장의 시선에서 벗어날 수 있는 가능성이 있었다. 따라서 남성들은 '고치고 싶은 버릇', '안심하고 사귈 수 있는 여자', '신여성의 십계명', '신여성의 일곱 가지 덕', '현대 남성이 원하지 않는 여자의 일곱 가지 조건' 따위로 이들의 행동을 교정하려 했다.

1932년 『만국부인』에 소개된 이광수의 「신여성의 십계명」 주요 내용은 "③ '첫사랑을 남편에게'라는 주의를 확수(確守)하시기. …… ⑨ 처녀이면 배우자 선택에, 아내이면 일하는 남편을 정신적 협조를 주기에 힘쓸 것. ⑩ 젊은 여성은 가정과 그 몸이 있는 곳에 평화와 빛을 주는 것이니 천부의 성직이니 항상 유쾌와 자애와 겸손의 덕을 가지고 분노·질책·질투·분쟁의 형상을 보이지 마시기"이고, 신문을 보고 조선역사와 문화를 배우고 생각하고, 위생에 주의하라고 말하고 있다.

'신여성의 십계명'은 어떤 여성이 되어야 하는가를 여성들에게 일깨워 주고 사회적 통념을 인지시키는 역할을 했다. 또한 가정이 바로 여성의 천직이므로 가정을 평화로운 휴식처로 만들기 위해 여성들은 순결해야 하고, 분노, 질책, 질투, 분쟁의 모습을 결코 보이지 말라고 요구했다. 십계명이 기독교 신자가 지켜야 마땅할 도리인 것처럼 이제 신여성에게 주어지는 계율들은 생활 전반을 통제하고 지침을 내렸다.

남성들이 요구하는 '신여성의 십계명', '신여성의 일곱 가지 덕'에 나타난 여성상은 남편의 보조자와 자녀의 양육자로서 어머니이자 아내라는 규정이 잘 나타나 있다. 반면 1931년『신여성』4월호에 실린 '모던 여성 십계명'은 '신여성 십계명'의 내용과는 사뭇 다르다.

모던 여성 십계명

1. 노인 말을 듣지 말아라.
2. 땅을 보지 말아라.
3. 어디까지나 여성이 되어라.
4. 번역식을 쫓지 마라.
5. 사랑으로 먹지 말아라.
6. 유희를 배우라.
7. 시류의 주관을 삼아라.
8. 건강을 놓치지 마라.
9. 새로운 청춘을 창조하라.
10. 조선 글을 배우라.

(윤지훈, 『신여성』, 1931년 4월호)

여기에는 '노인의 말을 듣지 말아라', '땅을 보고 걷지 말아라'라는 계명이 등장한다. 노인의 말을 듣지 말라는 것은 불효를 권장하는 것과 다를 바가 없다. '모던 여성 십계명'은 가족의 일원이 아니라 여성으로 태어나기 위한 '나쁜 여자 되기 선언문'에 다름없었다.

실제로 신여성은 자신의 목소리를 내면서 남성 중심의 질서와 세계관에 의문을 제기하고 이에 도전했다. 이러한 신여성의 모습은 『동광』(1931)에 실린 신여성의 신년 포부에도 잘 드러나 있다.

앞날을 바라보는 부인 노동자 '정칠성'

내가 보는바 신년에 신호를 울리며 앞날의 거룩한 신생활의 힘찬 신호를 울릴 참말 신여성은 오직 연초, 제사, 방직공장 등 흑탄연돌 속에서만 볼 수 있는 것입니다. …… 여기에 그들의 거름이야말로 이 앞날 신생을 개척할 행군의 조련이며 그들의 눈물과 고역의 피와 땀은 앞날 약속을 신호하는 것입니다.

악제도의 철폐 개벽사 '송계월'

남자의 이상 가도록 노동을 하여서 힘껏 받는 임금은 남자노동자의 반. 그 위에 압제와 착취! 우리는 여기에 절대로 반대하자는 것이다. 그리하여 이러한 곱지 못한 것으로 일관한 불합리한 사회제도를 합리토록 고치기 위하야 싸워야 한다는 것이 우리 젊은 여성들 양어깨에 꽉 메워진 짐이다. 그러기 위하여는 부단의 노력이 필요하다. 이 노력이 끊임없이 뒤를 맞물어 일어나는 것이 여성해방의 열의를 표증하는 한 개 조건이다.

여성해방은 경제로부터 화신상회 여사무원 '최기영'

이중고통의 신음에서 벗어나려면 경제적 정신을 양성할 필요가 있으며 경제적·독립적 사상을 가져야 합니다.

신여성들은 겉모습으로, 의식과 행동으로 가부장의 권력을 벗어나고자 했다. 그렇지만 '신여성의 십계명'이 제시했던 현모양처로 길들여지며 단란한 가정을 꿈꾸었다. 신여성들이 꿈꾸었던 단란한 가정의 모습은 "때로는 아버지가 어린아이들을 안고 어머니는 오르간을 타는 일도 있고 일요일이면 아이들의 손목을 이끌고 가까운 들로 산보도 하고, 때로는 집안끼리 모여 앉아 트럼프도 하는" 부부와 미성년 자녀로 이루어진 핵가족이었다. 단란한 가정을 꾸미기 위해 신여성들은 끊임없이 "남편의 밥과 옷을 지어 본 적이 있는가 없는가"라는 물음에 답하고, "신여성이 나은가, 구여성이 나은가"라는 선택을 강요받곤 했다. 구가정의 장점은 '된장, 간장은 물론 김치, 깍두기와 의복의 빨래, 다듬이질, 바느질'뿐만 아니라 '자녀의 양육'까지 남편을 괴롭히지 않고 하는 것이고, 이러한 장점은 신가정의 단점에 해당하는 것으로 간주되었다. 심지어 여성은 '침선(針線), 식사, 세탁, 기타 전부 가정의 행사로써 생명을 삼는 구여성과 화장, 산보, 잡담, 기타 전부 비가(非家)의 행사로써 천직을 삼는 신여성'으로 이분되었다.

이러한 단란한 가정의 형상은 1937년 일제가 중일전쟁을 일으키고 전시체제로 바뀌면서 금이 가기 시작했다. 전시동원체제는 국가에 충성하고 전장에 나갈 충성스런 2세의 양육이라는 모성애의 논리를 강조했고, 여성노동력의 동원을 필요로 했다. 따라서 아들을 전쟁터에 보내는 '군국의 어머니'가 떠받들어졌고, 지식인 여성들은 여성들에게 '군국의 어머니'가 되어 남편과 아들을 전장에 보내라고 부추겼다.

우리는 여자 된 몸이라 총을 들고 전장에 나서지는 못하나 총대 뒤에서 나라에 다하는 것이 있어야 하겠습니다. 총을 들고 제일선에 서는 용사들이 나라와 집에 마음이 안 놓여서는 안 될 것입니다. 나라와 집은 그들이 없어도 아무 염려 없도록 안정케 하는 일이 실로 어려운 일인데 이 안정이라는 것이 곧 우리 가정여성의 크나큰 의무입니다(이정희, 「우리는 총대의 뒤를 맡은 자들」, 『여성』, 1939년 5월호).

이제 전쟁에 동원될 자녀를 양육하고, 전장에 동원된 남성들이 편안하게 싸울 수 있도록 안식처인 가정을 지키며 후방에서 전쟁을 지원하는 것이 여성의 의무가 되었다. 그 자리에 신여성의 이상이 자리 잡을 틈은 남아 있지 않았다. 남녀평등의 꿈은 물론이려니와 남편과 아내와 아이들로 구성된 단란한 가정은 이제 아내와 아이들로 대치되었고, 그 모든 것을 여성인 아내들이 도맡아야 했다.

4. 여성, 거리로 나서다

한목소리로 외치다

신여성이 근대의 상징이 될 수 있었던 것은 자신들의 생각을 드러내고 그 생각을 실천에 옮기며 새로운 사회를 실현하고자 한 데 있다. 이러한 신여성의 실천이 구체적으로 드러난 예가 근우회(槿友會)이다.

조선여성운동은 세계사정 및 조선사정에 의하여 또 조선여성의 성숙 정도에 의하여 바야흐로 한 중대한 계단으로 진전하였다. 부분 부분으로 분산되었던 운동이 전선적 협동전선으로 조직된다. 여성의 각층에 공동

되는 당면의 운동 목표가 발견되고 운동 방침이 결정된다. 그리하여 운동은 비로소 광범하게도 유력하게 발전할 수 있게 되었다. 이 단계에 있어서 모든 분열정신을 극복하고 우리의 협동전선으로 하여금 더욱 공고하게 하는 것이 조선여성의 의무이다.

여성은 벌써 약자가 아니다.

여성 스스로 해방하는 날 세계가 해방될 것이다.

조선 자매들아 단결하자(「근우회선언」, 『근우』 창간호, 1929년 5월).

앞의 글은 1927년 5월 조직되었던 근우회 선언문이다. 선언문은 근우회가 분산된 여성운동을 하나로 모은 '협동전선'적 조직체라고 밝히고 있다. 이 말 그대로 근우회는 민족주의계와 사회주의계 여성운동가들이 함께 모여 만든 대중조직이었다.

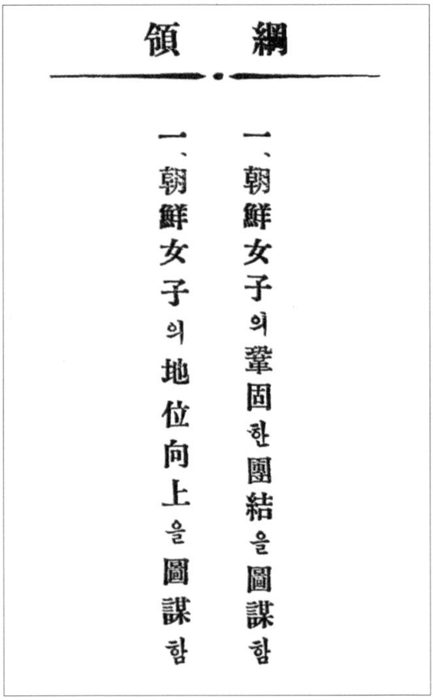

1929년 근우회가 만든 행동강령은 '봉건적 인습'의 타파, 여성에 대한 일체의 차별 철폐 등의 과제와 함께 부인 노동자의 임금차별 철폐와 산전 산후의 휴양, 부인 농민의 경제적 이익을 옹호하는 요구도 담고 있었다. 전국적 조직을 꾸리고 여성의 권익을 위한 구체적 강령을 갖춤으로써 근우회는 실천 여부를

領 綱

一、朝鮮女子의 鞏固한 團結을 圖謀함

一、朝鮮女子의 地位向上을 圖謀함

그림 4-5 · 근우회 강령

떠나서 여성운동 전반의 수준을 한 단계 끌어올렸다.

근우회는 1929년 '본부-지회(도 연합회)-분회-반'으로 전국적 조직 체계를 정비했다. 특히 지회의 조직은 여성대중을 조직하는 일이었기 때문에 근우회 초기 활동 가운데 가장 중요한 대목이었다. 근우회 지회는 1930년 60여 개가량 결성되었으며 회원은 6,000여 명에 이르렀다.

근우회는 조직 정비와 더불어 선전 및 계몽 활동에도 노력했다. 근우회는 매월 15일을 선전일로 정했는데 제1회 선전일에는 회원들이 만들어 온 헝겊 단추를 판매함과 함께 근우회를 알리러 거리로 나갔다. 제4회 선전일에는 '조선 여자해방의 첩경이 경제 독립이냐 지식 향상이냐'라는 문제를 두고 양편으로 나누어 「여성문제 대토론회」를 개최했다. 이날의 상황은 다음과 같다.

여성문제 대토론회는 예정과 같이 재작(그저께) 20일 오후 8시경부터 경운동 천도교 대강당에서 개최되었는데 주최 측인 근우회가 조선여성단체 중 가장 권위 있는 단체일 뿐 아니라 당일 출연하게 된 연사들이 모다 신진 여류계에 쟁쟁한 신망을 가진 이들이었으므로 7시경부터 남녀 청중이 구름같이 모여들기 시작하여 넓은 회장도 7시 반경에는 벌써 만원의 성황을 이루었었다(『동아일보』, 1927년 10월 22일 자).

또한 본부 간부들은 지방을 순회하며 강연회를 열었고, 기관지 『근우』를 발간했다. 각 지회에서는 야학을 세우고 운동가 양성을 위한 '부인강좌'를 개설했다. 또한 여성노동자와 농민여성을 조직하기 위한 노농부가 설치되었다.

근우회는 여학생 운동 지원활동에도 적극적으로 개입했다. 근우회가 여학생 운동을 지원한 대표적인 예로는 1930년 1월 광주학생운동을 지원하여 벌인 서울 여학생 시위가 있다. 그러나 이 시위에서 허정숙, 박차정 등 근우회의 사회주의계 인물들이 검거되면서 근우회의 주도권이 민족주의계 여성들의 손으로 넘어갔다. 이들은 1930년 12월 근우회의 운동방침을 계몽운동 중심으로 바꾸고, 노농부를 폐지했으며, 일반 여성들이 참여하고 있던 '반'을 규약에서 삭제했다. 그 뒤 대중적 기반이 약해진 근우회의 해소 논의가 대두되면서 활동이 유야무야되었다.

해방 뒤, 거리로 쏟아져 나온 여성들

해방이 되자 수많은 사람들이 거리로 쏟아져 나왔고 수많은 정당과 단체들이 조직되었다. 전시체제 뒤 억눌려 있었던 여성들도 거리로 쏟아져 나와 자신의 이해를 담은 단체를 조직했다. 거리로 나온 여성들은 1945년 8월 17일 건국부녀동맹을 조직했다. 여기에는 각계각층의 여성 운동가들이 총망라되었다.

건국부녀동맹은 1945년 12월 전국부녀단체 대표자 대회에서 조선부녀총동맹(부총)으로 개편되었다. 전국에서 148개 단체를 대표한 458명이 모여 결성한 부총은 각 도에 총지부를, 시·군·면·읍·리에 분회를 두었다. 전국에 조직체계를 갖추고 "부녀의 특수한 모든 문제의 해결은 전민족적 절대해방을 기초하며 또 부녀 문제의 특수한 해결 없이 전 민족의 해방은 이루어질 수 없다"라고 선언한 부총은 다음과 같은 행동강령을 내걸었다.

- 남녀평등의 선거권, 피선거권을 획득하자.
- 친일파, 민족반역자, 국수주의자를 제외한 민족통일전선 결성에 적극
  참가하자.
- 언론, 출판, 집회, 결사, 선교의 자유를 요구하자.
- 여성의 경제적 평등권과 자주성을 확립하자.
- 남녀 임금 차별제도를 폐지하라.
- 8시간 노동제를 확립하라.
- 근로부인의 산전 산후 각 1개월간의 유급 휴양제도를 확립하라.
- 사회시설(탁아소, 산원, 공동식당, 공동세탁소, 아동공원)을 완비하라.
- 공·사창제와 인신매매를 철폐하라.
- 일부일처제를 철저히 실시하라.
- 교육에 대한 남녀 차별제도를 철폐하라.
- 국가부담에 의한 부녀문맹퇴치기관을 즉시 설립하라.
- 생활개선을 적극적으로 연구 실행하자.
- 모자보호법을 제정하라.
- 봉건적 결혼제도(매매혼, 데릴사위, 조혼, 민며느리)를 철폐하자.
- 농촌에 국가부담의 의료기관을 설치하라.

(민주주의민족전선 편, 『해방조선 1: 자주적 통일민족국가 수립투쟁사』, 과학과사상사, 1988)

이는 진보적 민주주의 국가건설이라는 당시 사회의 일반적 과제와 여성의 완전 해방이라는 여성의 특수과제를 여성운동의 입장에서 구체화한 것이었다.

부총은 지식층 여성뿐만 아니라 농촌여성, 도시 주부, 여성노동자까지 참여하여 운영되는 여성 대중조직으로 자리 잡을 수 있었다. 1947년

2월 남조선민주여성동맹으로 개편되었으나 미군정의 탄압으로 활동이 위축되었다.

한편 우익계열의 여성들은 처음에는 건국부녀동맹에 참여했다가 탈퇴하여 1945년 8월 25일 임영신을 중심으로 여자국민당을 조직했으며, 1945년 9월 10일에는 한국애국부인회를 결성했다. 여기에는 친일 전력의 여성들이 일부 참가했는데, 1945년 말부터 반탁운동이 전개되면서 본격적으로 활동을 시작했다. 독립촉성부인단은 반탁운동을 보다 조직적이고 강력하게 전개한다는 목적으로 1946년 1월 결성된 조직이었다. 1946년 4월에는 독립촉성부인단과 한국애국부인회가 통합되어 독립촉성애국부인회를 조직했다. 이 단체는 5·10선거를 앞두고 글을 읽고 쓸줄 모르는 여성에게 한글을 가르쳐 선거 참여를 유도했으며, 특히 이승만의 독립촉성국민회의 산하단체로서 그의 정치적 입장을 추종하는 활동을 벌였다. 〈표 4-1〉은 1945년 동안 일부 언론에 소개된 여성단체의 활동을 정리한 것이다.

해방공간에서 "부녀의 해방 없이는 조선의 해방이 없다"라고 할 정도로 '여성해방'이라는 말은 유행어였다. 여성단체의 활동은 강연·강좌 개설, 조직의 결성과 운영, 성명서·건의안 발표, 시위나 (군정청) 방문, 구호·위안 활동으로 구분할 수 있다. 1945년과 1946년에는 조직 운영과 결성이 가장 많았다. 이는 새로운 조직이 만들어지고 주요 여성 단체의 지부 조직과 활동이 활발하게 전개됐기 때문이다. 여성들을 계몽하고 조직하는 여성단체의 주요한 활동방식인 강연과 강좌 개설은 1946년과 1947년에 많이 이루어졌다. 1947년과 1948년에 이루어진 여성단체의 주요한 활동으로는 특정 사안과 여성 문제에 대한 성명서 발표와 건의안 제출을 꼽을 수 있다.

표 4-1 · 1945년 여성단체 활동 일람

일자	주관 단체	내용
8. 16.	건국부녀동맹	견지동 여자중앙상과학교에서 결성 준비위원회 개최
8. 17.	건국부녀동맹	건국부녀동맹 결성식 거행. 위원장 유영준, 부위원장 박순천
9. 9.	건국부녀동맹	가두 선전대 조직
9. 10.	한국애국부인회	오후 3시, 인사동 승동예배당에서 약 51명이 모여 유각경을 임시의장으로 추대, 한국애국부인회 발회식 거행
9. 12.	조선여자국민당	조선여자국민당 조직. 위원장 임영신, 부위원장 김선·이은혜
9. 23.	건국부녀동맹	일주일간 중앙여자상과학교에서 정치 강좌 개최
10. 2.	건국부녀동맹	오후 2시, 경성기독교청년회 대강당에서 경성지회 창립대회 개최
11. 11.	조선여자청년동맹	조선기독교청년회관에서 조선여자청년동맹 결성
11. 25.	건국부녀동맹	안성인민위원회 지부 요청으로 안성에서 강연회 개최. 강사는 정칠성·조원숙·최옥희
11. 25.	조선여자청년동맹	부녀동맹청년부와 합동해 조직됨
11. 27.	건국부녀동맹	오후 1시, 종로 YMCA 강당에서 부녀 시국 대강연회 개최. 여성운동의 연혁(정칠성), 부인 지위의 역사적 변천(김지한), 조선여성의 정치적 임무(최옥희), 가정부인의 외침(유금봉), 청년의 임무(신금옥), 여성의 후생운동(유영준), 신시대의 교육(허하백), 우리의 요망하는 정부는(홍종희), 노동부인의 실정(이경선), 부인운동의 전망(고명자)
11. 29.	조선여자청년동맹	건국부녀동맹, 서울시 청년단총동맹, 조선프롤레타리아예술연맹의 후원을 받아 조선여자청년동맹, 부녀동맹 청년부 합동 기념 축하 음악회 개최
12. 15.	조선여자국민당 한국애국부인회	'전국부녀단체 대표자 대회는 건국부녀동맹 단독행위로 소집한다'라는 성명서 발표
12. 16.	건국부녀동맹	인천지부, 인천 창영학교 강당에서 약 500여 명이 참석한 가운데 결성대회 개최
12. 17.	건국부녀동맹	15일, 신설교회에서 지식·근로 부녀층 100여 명 참석 아래 서울지회 동부분회 결성
12. 22.~24.	건국부녀동맹 조선부녀총동맹	전국부녀단체 대표자대회 개최
12. 28.	조선여론사	오후 3시, 종로 기독교청년회관에서 시국 대강연회 개최. 중국 여성의 애국운동(김명시), 연안의 조선여성(박진홍), 여성의 당면 임무(허하백), 협동조합과 조선여성(이간난), 현 단계의 정치적 비판(황운), 혁명과 청년의 진로(이호제), 파쇼를 배격한다(백원흠)
12. 30.	조선여자국민당	오전 11시, 조선여자국민당 본부에서 긴급위원회를 열고 '신탁통치 반대' 결의 성명 발표

여성단체는 정치 정세에 민감하게 반응해 조직되었다가 사라졌다. 좌·우라는 정치적 경향에 따라 입장을 밝혔고, 독자성을 견지하기보다는 다른 단체와의 연관 아래 활동했다. 따라서 여성 관련 문제는 항상 부차적으로 처리되었다. 독자성의 결여와 다른 단체와의 연관 아래에서의 활동은 여성단체를 정치 정세에 민감하게 했고, 유관 단체의 부침과 함께 해당 여성단체도 성쇠의 길을 걸었다.

◈ 참고문헌

김경일, 『신여성, 개념과 역사』, 푸른역사, 2016.
_____, 『여성의 근대, 근대의 여성』, 푸른역사, 2004.
박용옥, 『한국여성근대화의 역사적 맥락』, 지식산업사, 2001.
여성사연구모임 길밖세상, 『20세기 여성 사건사』, 여성신문사, 2001.
연구공간 수유+너머 근대매체연구팀, 『신여성: 매체로 본 근대 여성 풍속사』, 한겨레신문사, 2005.
이옥수, 『한국여성근세사화』, 규문각, 1985.
이임하, 『계집은 어떻게 여성이 되었나』, 2004, 서해문집.
_____, 『이임하의 여성사 특강』, 철수와영희, 2018.
_____, 『해방공간, 일상을 바꾼 여성들의 역사』, 철수와영희, 2015.
정현백 외, 『글로벌 시대에 읽는 한국여성사』, 사람의무늬, 2016.
태혜숙 외, 『한국의 식민지 근대와 여성공간』, 여이연, 2004.
한국여성연구소 여성사연구실, 『우리 여성의 역사』, 1999.
홍인숙, 『근대계몽기 여성 담론』, 혜안, 2009.

5장

아동
인내천의 천사, 어린이

이임하

1. 아동, 어린이의 발명

근대 이전에 나이 어린 사람을 가리키는 말로는 '아(兒)'와 '동(童)', '유(幼)'가 주로 쓰였다. 이 가운데 '아'와 '동'은 아직 성년식을 치르지 않았거나 혼인하지 않은 사람을 일컫는 말이었고, '유'는 단지 나이가 어리고 연약하다는 뜻이었다. 이처럼 전근대 사회에서는 관례(冠禮)와 혼례(婚禮) 같은 통과의례가 사람의 삶을 가늠하는 중요한 지표였고 아동의 개념 역시 그에 따라 좌우되었다.

이는 아동이 장유(長幼)의 질서 속에서 어른에 비교되는 존재였음을 뜻한다. 곧 요즈음 말하는 것처럼 어린이가 맑고 밝고 독립된, 모든 가능성을 담고 있는 존재가 아니라 어른을 기준으로 '아직 어른답지 않은', 따라서 '어른을 잘 받들면서 어른이 되어 가는 존재'라는 뜻이다. 따라서 아동은 '작은 어른' 또는 '축소된 성인'이었다. 이러한 생각은 근대가 되면서 바뀌기 시작했다.

이때부터 따로 쓰였던 '아'와 '동'이 하나로 합쳐진 '아동'이라는 단어와 '소년'이 사용되었다. '아동'은 일본에서 들어온 말이다. 1910년대까지만 해도 '소년'과 '아해'라는 단어는 한 잡지, 심지어 하나의 글에서 동시에 사용될 정도로 그 뜻에 큰 차이가 없었다. 그러나 1920년대 들어 방정환이 '어린이'라는 말을 정착시키면서 비로소 '소년' 대신 '어린이'가 널리 쓰이기 시작했다. 그리고 1920년대 후반에 접어들면서 어린이는 점차 오늘날 흔히 사용되는 것과 같이 유치원과 보통학교 취학연령대의 아이들을 가리키는 말이 되었다. '어린이'라는 말이 정착하는 데는 몇 가지 요인이 작용했다. 무엇보다 보통학교 취학률이 급속도로 증가했고, 취학연령대를 기준으로 삼는 인식의 확산에는 신문도 중요한 역할을 했다. 그렇지만 어린이라는 말과 인식을 확산시킨 주역은 역시 어린이운동이었다.

2. '어린이날' 제정과 어린이(소년)운동

아이를 때리지 말라

천도교는 '어린이'를 새롭게 정의하고 어린이운동을 전개하는 데에 큰 영향을 미쳤다. 조선 후기, 천도교의 인내천(人乃天) 사상과 평등주의적 인간관은 많은 사람들에게 호소력이 있었다. 그리고 "모든 인간이 평등하고 존중받아야 한다"는 천도교의 사상 속에서 여성과 아이의 인간적 권리에 대한 요구가 가능해졌다.

사람은 곧 한울이니 사람 섬기기를 한울같이 하라 …… 도가(道家)의 부인은 경솔하게 아이를 때리지 말라. 아이를 때리는 것은 곧 한울님을 때리는 것이니 한울님이 싫어하시고 기운을 상하게 되는 것이니라. 도가의 부인이 한울님이 싫어하시고 기운을 상하게 하는 것을 두려워하지 않고 경솔히 아이를 때리면 그 아이가 반드시 죽으리니 일체 아이를 때리지 말라(최시형, 『해월선사법설』, 1867).

아이를 때리는 것은 곧 한울님을 때리는 것이므로 아이를 소중히 다루어야 한다는 생각은 아이를 부모의 소유로 보고, 그 인권조차 부모가 마음대로 할 수 있다고 생각했던 그때까지의 아동관과 크게 달랐다. 천도교 2대교주인 최시형은 "선생님(수운 최제우)은 한울님을 섬기듯이 사람을 섬기라고 가르치셨다. 그러므로 나는 비록 부인이나 어린아이의 말이라도 한울님의 말씀으로 여기겠다"라며 어린아이가 곧 한울님과 같다고 강조했다.

그림 5-1 • 웃고 있는 아이들의 모습으로 편안하고 따뜻한 분위기가 나타나 있다.

이러한 아동관은 나아가 어린이의 권리에 대한 강조로 이어졌다. 어린이의 권리는, 어린이도 인격체로 인정받을 권리와 교육을 받을 수 있는 권리였다. 어린이 인권에 대한 문제 제기는 조혼의 폐해, 민며느리의 참상과 같은 봉건적인 결혼제도를 철폐하자는 주장으로 이어졌다. 특히 어린이 교육에 대한 강조는 1905~1910년의 애국계몽기 교육운동의 영향을 받아, 어린이의 교육에 대한 권리 또는 부모의 자녀교육에 대한 책임(학교 보내기)을 공론화하기에 이르렀다. 따라서 소년운동이 다른 사회운동과 마찬가지로 주요한 사회 해방운동의 하나로 자리 잡아야 한다는 주장이 사회적으로 제기되었다.

방정환과 어린이운동

1908년 최남선의 시 「해에게서 소년에게」에서 '소년'이라는 말이 처음 등장했다. 그러나 이때 소년은 연령적으로 청년에 가까운 의미였고 소년이 자라 민족국가를 건설해야 한다는 시대적 요구를 담고 있었다. 이런 소년에 대한 인식은 1920년대 방정환의 어린이운동으로 이어진다.

방정환을 중심으로 펼쳐졌던 어린이운동은 천도교의 인내천 사상과 밀접하게 연관되어 있었다. 방정환은 천도교 3대 교주였던 손병희의 사위로 천도교가 주관하던 개벽사의 각종 출판활동에 관여했다. 방정환은 개벽사에서 월간지 『어린이』를 10여 년간(1923년 3월~1934년 7월) 발행하며 어린이에게 어린이로서 마땅히 누려야 할 기쁨과 슬픔, 재미를 제공했고, 인간으로서의 존엄성 및 애국

그림 5-2 · '어린이'라는 개념을 정립하고 어린이운동을 이끌었던 소파 방정환(1899~1931)

사상을 고취했다.

그가 편집을 맡았던 『어린이』는 어린이가 어른과 전혀 다른 티 없이 깨끗한 영혼을 지닌 존재라는 사상을 바탕으로 하고 있었다. 창간호의 권두언은 어른과는 전혀 다른, 순진무구하고 자연에 가장 가까운 존재인 어린이의 모습을 다음과 같이 표현하고 있다.

새와 같이 꽃과 같이 앵두 같은 어린 입술로, 천진난만하게 부르는 노래, 그것은 그대로 자연의 소리이며 그대로 한울의 소리입니다. 비둘기와 같이 토끼와 같이 부드러운 머리를 바람에 날리면서 뛰노는 모양, 그대로가 자연의 소리이고, 그대로가 한울의 그림자입니다. …… 죄 없고 허물없는 평화롭고 자유로운 한울 나라! 그것은 우리 어린이의 나라입니다. 우리는 어느 때까지든지 이 한울 나라를 더럽히지 말아야 할 것이며, 이 세상에 사는 사람 사람이 모두 이 깨끗한 나라에서 살게 되도록 우리의 나라를 넓혀 가야 할 것입니다(『어린이』, 창간호, 1923).

앞의 글에는 어린이는 한울님과 다름없으며 순진무구하고 정직한 존재, 곧 어린이는 천사와 같다고 말하고 있다. 방정환은 어린이라는 말을 예전의 '아'나 '동'이라는 말처럼 단순히 세대를 구분하는 의미만으로 사용하지 않고, 어린이라는 집단이 어떠한 속성을 가지고 있는지를 밝히고 드러내려 했다. 천도교는 인간 안에 있는 완전성에 도달하는 데서 인내천에 이르는 길을 찾았는데, 방정환에게서 그 완전성의 원형은 바로 '어린이'였다. 어린이를 '인내천의 천사'라 한 것이 이를 단적으로 보여준다.

또한 방정환을 비롯한 천도교가 인식한 어린이는 민족의 미래를 직접 책임지고 만들어 가야 할 주체였다. 어린이들은 자기 혼자만 열심히 공부하면 되는 것이 아니라, 조선의 600만 소년 가운데 교육을 전혀 받지 못하는 530만 명이 넘는 동무들을 항상 생각해야 했다. 이런 점에서 소년운동은 식민지에서 민족의 새로운 활로를 모색하던 계몽운동의 하나였다.

어린이를 인내천의 천사로 바라보는 시각은 외부의 강제나 통제를 배격하고 어린이의 개성, 흥미, 욕구, 적성, 자발성에 입각한 교육을 강조하는 것이었다. 방정환은 순회강연과 동화회, 소년회 결성 후원, 『어린이』를 비롯한 『개벽』, 『신여성』 같은 잡지의 편집과 발간, 어린이날 행사의 기획과 후원 활동으로 눈코 뜰 새 없이 바삐 움직였다.

방정환은 어린이교육은 교훈을 주거나 수양을 쌓기 위한 글만으로는 불가능하고 동화, 동요, 그림 같은 여러 방법이 어린이의 활동을 도와준다고 여겼다. 그 중에서도 동화는 동화구연 같은 방법으로 대중화·조직화를 위한 수단이 될 수 있었으며, 동화집이나 아동잡지를 발간함으로써 더 체계적이고 지속적으로 보급할 수 있었다. 곧 어린이 계몽을 위해 가장 적절하고 새로운 수단이 바로 동화였다. 동화의 열기를 이끌어 가는 선도자로서 1920년대 출판시장에 큰 영향을 미쳤던 것이 바로 방정환이 편집한 번안 동화집 『사랑의 선물』이었다. 이 책은 방

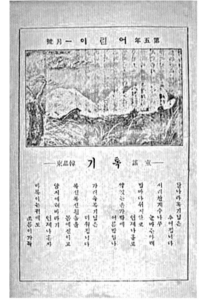

그림 5-3 • 어린이를 독자로 1923년 창간된 잡지 『어린이』

정환이 안데르센 동화, 페로 동화, 오스카 와일드 동화와 같이 세계적으로 유명한 동화 10편을 가려 뽑아 번안한 것으로, 1922년 7월 개벽사에서 단행본으로 출판했다. 『사랑의 선물』은 1927년까지 10판 20만 부가 판매되었다. 동화책의 발간과 함께 방정환은 동화를 흥미 있게 들려주는 사람으로 너무나 잘 알려져 있어 서울의 천도교당에서 토요일마다 연 '동화회'에는 2,000명 이상이 몰려드는 대성황을 이루었다. 다음 일화는 당시의 상황을 잘 보여 준다.

4~5년 전에 어느 소년회에서 동화회가 열렸을 때 아직도 기억에 남아 있지만 그때에 선택한 제목이 「산드룡의 유리구두」라는 슬픈 이야기인데 내용은 계모 슬하에서 자라나는 '산드룡'이 계모의 데리고 온 두 딸 때문에 몹쓸 학대와 구박을 받았으나 결국 나중에 훌륭히 된다는 것이었다. 물론 회관 안은 죄다 울음판이 되었는데 이야기가 끝나자 갑자기 부인석에 있던 할머니 한 분이 두 눈이 퉁퉁 붓도록 느끼어 울면서 두 손을 합장하고 그의 앞으로 오더니 "선생님 참말 감사합니다" 하고 허리를 굽혀 몇 번이나 절을 하였다.

그는 언뜻 생각에 더운 때 수고하였단 소리로 잘못 알고 "천만에요. 도리어 같잖은 이야기를 들으시느라고 더 괴로우셨겠습니다" 하니까 할머니는 질겁을 하다시피 몸자세를 바꾸면서 "아니 더운신데 괴로우셨겠지만 그보다도 그 불쌍하고 마음 착한 '산드룡'이를 나중에 잘되는 것으로 끝을 맺어 주셔서 감사하다는 말씀입니다" 하고 두 손을 합해 빌었다는 일화까지 있다(이정호, 「오호 방정환 그의 1주기를 맞고, 고금인물순례기」, 『동광』, 1932년 9월호).

그러나 어린이는 인내천의 천사로, 계몽적 이상과 순수를 표상하는 존재로 상정되면서 역설적으로 힘겨운 식민지를 살아가는 현실의 어린이와는 전혀 다른 존재가 되어 버렸다. 방정환이 『어린이독본』에서 형상화한 이상적인 어린이의 모습은 교통사고가 나도 약속을 지키기 위해 동생을 대신 보낸다는 식의 지나치게 관념적인 내용으로 비판받기도 했다.

천도교소년회와 오월회(어린이운동과 무산소년운동)

이와 함께 어린이의 모임인 '소년회'가 조직되었다. 1921년 4월 천도교청년회 안에 유소년부가 결성되었고, 이어 1921년 5월 1일 김기전, 방정환, 이정호 등이 천도교소년회를 발족했다. 천도교소년회는 1920년대 전반기에 가장 활발하게 활동했다. 회원자격은 만 7세부터 16세까지의 남녀 소년이었다. 그 뒤 각 지역에서 소년회 조직이 빠르게 확대되었는데, 방정환 등의 지방 순회강연 활동이 큰 역할을 했다. 또한 소년회를 만들고 유지하는 데는 동화나 소년잡지의 역할도 매우 컸다. 동네나 학교를 단위로 하여 『어린이』 독서회나 『신소년』 독서회가 만들어졌고, 청년회 같은 조직의 후원을 얻기도 했다. 학교교육과 소년운동이 확산되는 속에서 어린이에 대한 새로운 인식도 널리 퍼져 갔고 독서회나 독자회, 그 밖에 다양한 독자들 사이의 교류가 어린이 의식을 확산시키는 데 중요한 역할을 했다.

소년운동이 확산되자 이를 좀 더 효율적으로 조직하고 활동하기 위하여 1923년 4월 17일 방정환, 조철호 등 서울 시내 소년단체 대표들과 각 신문사 기자들이 천도교소년회 사무실에 모여 소년운동협회를 만들었다. 이 단체는 상설기관이 아니라 어린이날 기념식을 준비하기 위한 비상설연합체로서 5월 1일을 어린이날로 정하고 전국적으로 기념행사를 개최하기로 했다. 지역별로 개최된 어린이날 행사는 때로는 일제 경찰에 의해 금지되기도 했지만 소년운동을 더욱 넓히는 계기가 되었다.

1920년대 방정환과 천도교를 중심으로 어린이 개념이 확립되고 나름대로 사회적 인정을 얻어 가는 가운데 비판세력이 나타났다. 이들은 어린이 대신 '무산소년', '근로소년'을 새로운 소년운동의 주체로 내세웠다. 그 첫 움직임이 1923년 3월 이원규, 고장환, 정홍교 등이 조직한 '반도소년회'였다. 이 단체는 무산(無産)소년운동단체로서 "소년은 미래의 주인임을 알라, 항상 수양하며 쾌활한 조선의 어린 사람이 되자"라는 슬로건을 내세웠다.

1925년 5월에는 반도소년회, 천도교소년회, 불교소년회, 새벗회, 명진소년회, 선명소년회, 중앙기독소년부 등이 나서서 상설소년운동기관인 오월회를 조직했다. 오월회가 결성되면서부터 소년운동 안에서 사회주의적 경향이 점차 짙어졌다.

잡지 『어린이』에 대한 대항의식과 사회주의적 경향을 바탕으로 1926년 6월 잡지 『별나라』가 창간되었다. 『별나라』는 "그전에는 달콤한 문예품이나 덮어놓고 재미만 있는 옛날이야기나 우리들과 관계없는 욕심쟁이인 영웅전기 같은 것도 섞어 실어 왔지만 지금부터는 우리들의 살림살이와 또는 잘살아 보자는 운동과 관계가 없는 것이면 절대로 싣지를 아니하기로 하였다"라고 선언했다. 이는 『어린이』의 작가들이 아동문학의 중요한 방식으로 생각해 오던 재미있는 이야기가 이제는 극복 대상이 되었음을 뜻했다. 그들은 단지 재미만 있는 이야기는 대개 현실을 떠난 이야기라고 비판했다. 동화도 "기이한 신비를 떠나서 자기 계급에 대한 현실적 지식이 아니면 안 된다"는 것이다. 곧 아동문학도 계급적인 현실성을 담아내야 한다는 주장이었다. 이는 다음과 같이 공장노동자 가운데 유년 노동자 수가 적지 않았기 때문이다.

지난 20일 경성부 발표에 의하면 7월 1일 현재 부내의 10인 이상 노동자를 사용하는 공장은 …… 연령별로 보면 16세 이상 성년자가 1만 3,116명, 15세 이하 유년공이 724명인데 이 중에는 12세 이하가 남자 3명, 여자 17명이 있다(『동아일보』, 1931년 7월 29일 자).

소년운동협회와 오월회는 1926년(4회)과 1927년(5회) 각자 별도의 어린이날 기념식을 거행했다. 그리고 1927년 두 단체가 합의하여 조선소년연합회를 결성했다. 조선소년연합회는 이듬해 조선소년총동맹으로 이름을 바꾸었고, 위원장으로 정홍교를 선출했다. 조선소년총동맹은 회원의 연령을 12세 이상 18세로 제한하여 연령층을 대폭 상향 조정했다. 결국 방정환의 어린이가 천사적 아동이었다면 1930년대 계급운동에서 지향한 어린이는 청년적 아동이었다.

조선소년총동맹은 무산자 아동의 교양에 주력, 미취학 소년에 대한 강습소 설치, 농촌 무산소년야학 설치, 도시의 노동야학 설치 등을 주요한 운동방법으로 설정하여 소년운동협회 측의 운동노선과는 다른 경향을 보였다.

5월 1일은 어린이날

천도교소년회는 1922년 5월 1일을 어린이날로 선포하고 기념식을 가졌는데, 그 뒤 어린이날은 전국적인 기념행사로 발전했다. 이날 배포된 선전문은 "오늘이 어린이날, 희망의 새 명절 어린이날"을 슬로건으로, "우리의 희망은 오직 한 가지 어린이를 잘 키우는 데 있다"고 알렸다.

어린이날 행사는 근대적인 어린이 개념을 대중에게 알리는 계기가 되었다. 어린이날 행사는 어린이에게 경어를 쓸 것, 어린이와 자주 대화를 나누고 칭찬을 할 것 등과 같은 어린이를 존중해 주는 어른들의 태도를 촉구하는 기회였다. 첫 어린이날 행사는 1923년 5월 1일 조선소년운동협회가 주최하여 천도교당에서 열렸다. 다음은 새로운 어린이의 개념이 잘 드러난 첫 어린이날 행사에서 배포된 선전 전단의 내용이다.

취지

젊은이나 늙은이는 일의 희망이 없다. 우리는 오직 나머지 힘을 다하여 가련한 우리 후생되는 어린이에게 희망을 주고 생명의 길을 열어 주자.

소년운동의 기초 조건

1. 어린이를 재래의 윤리적 압박으로부터 해방하여 그들에게 대한 완전한 인격적 예우를 허하게 하라.
2. 어린이를 재래의 경제적 압박으로부터 해방하여 만 14세 이하의 그들에게 대한 무상 또는 유상의 노동을 폐하게 하라.
3. 어린이 그들이 고요히 배우고 즐거이 놀기에 족한 각양의 가정 또는 사회적 시설을 행하게 하라.

(정인섭, 『색동회 어린이 운동사』, 학원사, 1975)

이 선언문은 장유유서(長幼有序)에 찌든 윤리적 압박의 해소와 어린이 노동으로 대표되는 경제적 압박의 해소, 배우고 놀 수 있는 권리를 주장하고 있다. 사실 이 선언문은 일반적인 인권선언과 비슷하다. 그만큼 어린이운동 역시 일제강점기의 다른 사회운동과 마찬가지로 뚜렷하게 민족주의의 목표를 추구하고 있었다. 곧 어린이를 깨우치고 그들에게 권리를 부여하여 민족의 암울한 현실을 깨치고 찬란한 미래를 이룩할 주체로서 길러 내는 것이 식민지 시기 어린이운동의 가장 중요한 목표였다. 이 때문에 1930년대 들어와서 어린이운동은 전면적으로 금지되기에 이른다.

어린이날은 처음 '새싹이 돋아난다'는 의미로 새순이 돋는 5월 1일로 정하여 기념행사를 가졌다. 그러나 그날이 메이데이(근로자의 날)였기 때문에 1927년에 결성된 조선소년연합회는 이것을 피하기 위하여 어린이날을 5월의 첫 공휴일로 바꾸었다. 여기에는 어린이날이 해가 갈수록 그 규모가 커져 일제가 메이데이와 겹친다고 하여 행사 개최를 금지했고, 각급 학교에서 어린이날에 수업을 강행함으로써 학생들의 참여를 가로막아 어린이날 행사추진에 막대한 지장을 초래하는 까닭에 학생들이 수업을 받지 않는 날을 고르려는 이유가 작용했다.

해가 거듭될수록 어린이날 평양 동화회가 "동화대회 원고의 내용이 불온하다"는 이유로 경찰에 의해 금지되거나, 어린이날 행사 계획과 관련하여 광주소년동맹 간부가 붙잡히는 등 일제의 방해가 노골화되었다. 마침내 일제는 1937년 전시체제의 돌입과 함께 소년운동단체를 해산하고 어린이날 행사를 금지시켰다. 이해를 끝으로 어린이날 행사는 더 이상 이어지지 못했다. 그러면서 일제는 어린이날 행사 대신에 아동애호주간을 설정했다. 어린이날 행사는 해방이 되고서야 비로소 다시 시작되었다. 일제강점하의 어린이날은 5월의 첫 공휴일이었던 까닭에 해마다 날짜가 달라졌는데, 해방 뒤 첫 어린이날인 1946년 5월 첫 번째 일

그림 5-4 • 1951년 5월 5일 어린이날 행사 모습. "사랑으로 기르자"라는 문구가 도드라져 보인다(공보실, 『대한민국 기록 사진집 제1권』, 1999).

요일이 5일이었기에 때문에 그 뒤로 어린이날은 요일에 관계없이 5월 5일이 되었다.

1933년 어린이날 기념식은 선전 전단을 배포하고 입간판을 만들어 어린이날임을 알렸고, 유아와 임산부의 건강상담, 아동 구강검진, 강연회 등의 형식으로 진행되었다. 이에 비해 해방 뒤인 1948년 어린이날 기념식은 개회, 애국가 제창, 순국열사에 대한 묵념, 어린이날의 노래 제1창, 식사(정홍교), 음악, 축사(안재홍 선생 외 수인), 나의 희망(어린이들의 포부), 우리들의 결의, 음악, 기념 모자 증정, 만세삼창, 폐회 등의 순서로 진행되었다. 일제강점기의 어린이날 기념식이 대체로 '어린이날'에 대한 홍보와 새로운 어린이관에 대한 계몽이 주를 이루었다면, 해방 뒤에는 어린이들이 참가하여 희망, 포부 등을 밝히고 모범어린이를 표창하거나 음악, 무용, 사생대회, 백일장 따위를 개최하는 방식으로 바뀌었다.

3. 총독부의 규제와 유유아애호사업

어린이운동은 1925년 절정에 달해 그해 5월에는 전국의 소년단체 수가 220개에 이르렀고 사회운동으로 자리매김했다. 이에 일제는 1930년대 들어 아동의 건강과 위생에 중점을 둔 유유아애호주간 설정 등을 통해서 사회운동 맥락에서 진행된 어린이운동의 주도권을 앗아 가고자 했다.

법규대로 길러 표준 건강이 되는 아이

전근대사회에서의 양육과 건강한 자녀를 만들기 위한 노력은 아이들에게 자연에 대한 경외심을 깨우쳐 주는 과정이었으며, 몸의 건강과 정신적 자세가 함께 고려되었다. 그러나 20세기 들어 전통적 양육법은 비위생이고 비과학적인 것으로 평가절하되었고, 이를 대신하여 어린이들은 서구의 새로운 양육이론의 적용 대상이 되고 이를 수행할 어머니에 대한 계몽사업이 전개되었다.

따라서 '어떻게 하면 건강한 아이를 기를 수 있나', '지금까지 잘못 기른 점은 어떻게 개선할 것인가'를 중심으로 위생과 질병, 영양에 대한 구체적인 정보가 갑자기 늘어났다. 이러한 관심은 애국계몽기 계몽사상가들의 위생론을 바탕으로 서양의학을 습득한 전문가 집단이 참여하면서 체계화되었다. 이에는 한편으로는 건강한 어린이를 길러 내어 미래를 준비한다는 민족주의적 관심이 깔려 있었고, 다른 한편으로는 위생체계를 강화함으로써 통치를 용이하게 하고 식민지에서 최소한의 보건 상태를 보장받으려는 일제의 위생행정이 자리 잡고 있었다.

"우유 먹는 아이와 우유 넣는 병", "지금이 꼭 어린아이 젖 뗄 때", "젖을 오래 먹이는 것은 아이를 약하게 만들어", "어린아이의 눈에 대한 위생", "한 살부터 여섯 살까지의 미학령 아동에 대한 위생상 주의할 것 몇 가지", "여름철의 어린아이 위생", "소화기 병이 가장 많다"와 같은

표 5-1 · 만 10세 아동의 발육표준표

표준체위	남자	여자
신장	4척 14치(122.5cm)	4척(122.4cm)
체중	6관 736근(25.260kg)	6관 826근(25.598kg)

육아 관련 기사는 주로 영양, 수유, 위생, 질병에 대한 것으로, 젊은 주부들에게 자녀의 양육과 관련된 새로운 지식의 필요성을 계몽하고 있었다.

새로운 양육법은 다만 위생의식의 제고나 질병의 퇴치에 머무른 것이 아니었다. 그것은 전문가들이 만들어 놓은 일정한 (발달) 표준을 추구하는 행위였으며, 그 표준은 수량화된 수치로 환산되었다. 『동아일보』는 〈표 5-1〉과 같이 아동의 체위를 밝혔는데, 이는 정상아동의 표준을 제시하는 전형이었다.

수량화와 표준화라는 양육 기준을 만든 사람들은 기독교 의료선교사, 의사, 식민지 행정기관이었고, 일간지와 잡지 같은 언론매체가 새로운 양육 표준을 확산시키고 선전하는 고리 역할을 했다.

우량아는 연령에 따라 신체의 표준을 사회적으로 승인하고 선전하는 효율적 수단이었다. 왜냐하면 우량아란 바로 수량화된 양육 지침이 체화된 형태로서, 근대적 양육이 지향하는 표준이었기 때문이다. 미국 남감리교계의 태화관진찰소는 1925년 5월 우량아선발대회인 아동건강회 사업을 열었다. 이틀에 걸쳐 아동 건강과 위생 강연회를 실시하고, 아이들의 건강상태를 검진하여 등급을 매겨 우량아를 뽑은 뒤 수백 명의 어머니들이 모인 가운데 시상했다. 그리고 1928년부터는 4일 동안 아동 주간 행사가 진행되었다. 이 행사는 1930년대 내내 경성연합아동보건회의를 통해 계속되어 '법규대로 길러 표준 건강이 되는 아이'를 홍보하는 주요한 수단이 되었다.

1920년대 중반 이후 태화관의 우량아선발대회나 이후 경성연합아동
보건회의 우량아심사대회에 대한 여성들의 호응은 과학과 서구적 의학
지식과 관련되어 있었다. 1932년 경성연합아동보건회의 심사대상 180명
가운데 우등으로 뽑힌 한 어머니는 자신의 육아 경험을 다음과 같이 밝
혔다.

노인복(여, 생후 25개월)의 모친 고영순 씨

첫째, 통 간식(군것질)을 못하게 합니다. 둘째로, 젖을 일 년만 되면 떼
고 생우유를 오륙 세까지 먹게 합니다. 또 한 가지는 의복을 얇게 입습니
다. 겨울에도 난로로 방 전체를 따뜻한 기운을 돌게 하고 융 한 겹쯤으로
가벼이 뛰놀게 합니다. 그리고 될수록 양복을 입힙니다. 양복이 아이가
놀기에 편하고 또 어머니의 시간도 덜 걸려서 아이의 몸을 좀 더 보살필
여유가 생기기 때문입니다(『동아일보』, 1932년 5월 25일 자).

우량아의 어머니는 시간에 따른 수유 관리, 위생과 일광, 잦은 목욕
에 대한 강조, 시어머니나 나이 든 여성의 경험이 아닌 의사의 처방이나
전문서적을 통하여 전통적 육아법이나 어머니 역할과는 전혀 다른 지침
을 수행했다.

일제는 어린이 신체 보호를 목적으로 아동건강에 대한 선전·계몽 사
업과 건강상담을 중심으로 한 유유아애호주간 사업을 전개했다. 이 사업
은 1931년 5월 시작되어 해가 지날수록 규모가 확대되었다. 1932년 5월
실시된 유유아애호주간 행사는 선전 전단, 선전탑과 라디오를 통해 행
사를 알리고 점포마다 유아용품을 진열해 놓았으며, 유유아·아동·임산

부의 건강상담이나 아동의 기생충 무료 검사를 실시했다. 아울러 운동회를 개최하거나 창경원 관람을 우대하는 따위의 형식으로 진행되었다.

이 사업은 자율적인 사회운동으로 조선인이 주관하던 어린이운동의 주도권을 빼앗아 오는 효과를 가져왔다. 어린이운동은 처음부터 일제의 감시와 견제를 받았고, 여기에 운동단체의 내분까지 겹쳐 있었다. 결국 1931년부터 시행된 일제의 유유아애호사업(乳幼兒愛護事業)으로 어린이를 대상으로 하는 사회운동의 주도권은 서서히 일제로 넘어감과 동시에 어린이의 권리보다는 육체적 건강이 더욱 강조되었다.

실제로 애호주간 행사의 대부분은 일제의 아동구호사업에 대한 선전이었고 정작 아동의 건강 증진을 위한 내실 있는 사업은 많지 않았다. 일제가 병원 등을 동원하여 벌인 유유아 건강상담과 같은 행사도 실제로는 거의 형식적인 것에 그쳤다.

군국의 어린이

그나마도 중일전쟁 뒤부터 일제는 어린이의 건강보다는 당장 병사로 동원할 청년들의 질에 관심을 기울였다. 일제는 청소년들을 대상으로 각종 체력·체위검사를 실시했다. 이와 함께 총독부의 행정기구도 강화되는데, 1941년에는 국민 체위 향상을 도모한다는 계획에 따라 후생국이 별개의 부서로 승격되었다.

총독부는 과거의 어린이 교육을 "어린이와 어른과는 별세계에 존재하는 것이라고 보는 견해로부터 어린이 하고 싶은 대로 내버려 두어야 한다는 방임적인 아동 본위의 자유주의는 …… 개인의 완성과 입신출세를 기도하는" 개인주의·자유주의에 매몰된 교육이라고 규정하면서, 국방국가 건설을 담당할 충량한 국민을 길러 내기 위한 교육으로 전환시킨다는 목표를 세워 추진했다.

바야흐로 대동아전쟁이 터졌다. 자녀를 둔 부모나 교편을 잡은 교육자의 일대각성을 요청하는 중대한 시국이다. 현하의 소국민을 단지 제2세 국민교육이란 재래 관념에서 한 걸음 떠나서 적어도 대동아공영권의 맹주로써 또는 지도자로서의 교육이 요구된다. 여기에는 아

그림 5-5 • 전쟁 분위기가 농후한 1939년판 『아동연감』 표지
(민족문제연구소, 『식민지조선과 전쟁미술』, 2004, 50쪽)

동을 좀 더 명랑하고 결백하게, 또는 협동적이요 독창적이요 건설적이요 결단적이요 진취적인 아동으로 길러야 하는 일대 각성이 필요하다(『아이생활』, 1943년 1월호).

아동은 제2국민으로서 전시체제에서 국가의 미래를 책임질 존재가 되어야 하기 때문에 교육이 중요하다면서 아동의 내면까지 철저하게 군국주의 교육의 대상으로 삼았다. '반도의 아동'은 "일본정신을 바로 그 생명에다 불어넣을 수 있는 황국신민으로, 자발적으로 일본정신을 가슴

에 새기고 훌륭한 황국신민이 되어야 할 존재"였다. 곧 조선의 아동들은 일제의 의도에 따라 군인이 되어야 할 존재로서만 중요성이 인정되었다.

조선의 아동들은 자라서 충실한 천황의 군인이 될 존재이기 때문에 강인한 체력과 왕성한 정신력이 필요했고 학교교육은 체련과목(체육과 교련을 합친 과목)을 통해 이를 교육하고 국민정신을 앙양하고자 했다. 이처럼 건강체가 제일이어야 하는 까닭은 굳센 일본정신을 길러 씩씩한 국민이 되기 위해서였다. 일제가 원하는 일본정신을 지닌 건강한 아동이 되기 위해 조선의 아동들은 위생적인 습관과 체련이나 라디오 체조 따위를 통해 건강한 몸을 지녀야 했다. 건강한 몸을 기르기 위한 방법으로 강조되었던 라디오 체조는 총후(銃後)국민이라면 '아침마다', '어른, 아이, 남자, 여자, 모두 다같이' 해야만 하는 '재미있는 10분 체조'였다.

4. 해방의 기쁨을 어린이에게로

해방기의 소년운동과 아동문학의 목표는 봉건잔재의 청산과 일제잔재의 청산 그리고 문맹 퇴치와 한글 보급으로 집약되었다.

이 당시 발간된 『소학생』, 『아동』, 『어린이』, 『새싹』, 『소년』 같은 잡지는 "조선말과 조선글을 모르는 사람이 있으면 단 한 자라도 깨쳐 줍시다. 제 나라 말과 글을 모르는 사람이 많기로는 아마 조선이 세계에서 제일일 것"(『주간 소학생』, 1946년 7월호)이라며 교양, 교훈물, 동요, 글짓기법 등을 통한 한글 보급에 앞장섰다.

또 『새동무』, 『아동문학』, 『별나라』 같은 잡지는 한글의 중요성과 함께 과학과 역사지식의 중요성을 강조하고 이와 관련된 내용을 담고 있다. 특히 『새동무』는 과학교육 잡지라는 부제를 붙일 정도였다.

해방 뒤 아동문학가 윤석중을 중심으로 조선아동문화협회가 결성되었다. 조선아동문화협회는 어린이운동 차원에서 어린이에게 한글과 과학을 이해시키고 민족의 얼을 심어 주려는 목표 아래 『주간 소학생』이라는 잡지를 발간했다. 이 잡지는 해방 뒤 맨 먼저 창간된 아동잡지로 한글 동화를 통해 주체의식을 확립함과 동시에 일제의 잔재인 일본 말투의 어법을 우리말로 바르게 고쳐 주는 '우리말 도로 찾기' 등이 고정적으로 연재되었다.

이와 함께 해방 뒤 어린이운동과 아동문학은 어린이가 '새 나라 건설'의 주체라는 점을 강조했다.

하나이다 하나
한 사람도 빠짐없이
둘이다 둘
둘-둘-두루 뭉쳐서
셋이다 셋
세우자 새 나라를 세우자
……
여섯이다 여섯
여자라고 빼지 말고
일곱이다 일곱
일치하게 생각하자
여덟이다 여덟

여럿이들 모이는데

아홉이다 아홉

아이들도 한몫 들어

열이다 열

열심히 새 나라를 세우자

(윤복진, 「새 나라를 세우자」, 『자유신문』, 1946년 1월 1일 자)

어린이도 새 나라 건설과정에서 '한몫'할 수 있다는 생각은 어린이를 아무것도 모르는 존재가 아니라 어른의 행동과 사회의 분위기를 스스로 느끼고 행동할 능력을 가진 존재로 간주한 것이었다. 이제 어린이는 싸움쟁이, 게으름뱅이, 울보에서 날쌘 아이, 웃는 아이, 사이좋은 새 동무가 되어 해방의 새로운 터전에서 자라 새 나라의 일꾼이 될 것으로 기대되었다.

이와 함께 부모와 자식 사이의 개인적인 사랑을 넘어 어린이 모두를 하나의 독립된 인격체, 사회 구성원으로서 인정하기에 이르렀다. 이처럼 해방기는 특수한 시대적 상황 속에서 어린이를 재발견한 시기였으며, 한편으로는 계몽을 통해서 어린이 또한 미래사회의 건설과 기대를 지니게 된 시기였다. 이로써 어린이는 방정환이 어린이문화운동의 차원에서 어른과 아동을 구분지어 발견한 주관적이고 관념적인 아동에서 더 나아가, 연령에 의한 단순한 구분과 그로 인한 차별적인 아동이 아니라 어른과의 차이를 인정하면서도 아동의 권리를 인정하는 개념으로 발전했다.

곧 "해방의 기쁨을 어린이에게로!"라는 슬로건을 넣은 점에서 알 수 있듯이 아동은 제국주의와 봉건주의의 이중적 속박을 받아 온 존재로 인식되었다. 따라서 이들에게 해방은 '성장을 저해하던 쇠사슬이 끊어진' 자유의 날을 의미했다.

❖ 참고문헌

김정의, 『한국소년운동론』, 혜안, 2006.

김종헌, 『동심의 발견과 해방기 동시문학』, 청동거울, 2008.

김혜경, 「'어린이기'의 형성과 '모성'의 재구성」, 서울대학교여성연구소 엮음, 『경계의
여성들: 한국 근대 여성사』, 한울, 2013.

이기훈, 「1920년대 어린이의 형성과 동화」, 『역사문제연구』, 제8호, 2002.

6장

청년
젊은이들의 시대가 열린다

이기훈

1. 청년, 수입되다

전통 시대의 젊은이

「양강에서 고기잡이를 만나다(楊江遇漁者)」라는 다산 정약용의 시가 있다. 지금의 양평 부근 한강에 고기잡이 나룻배 한 척이 떠 있는 아름다운 풍경을 노래한 작품이다.

영감 하나 동자 하나 그리고 소년 하나	一翁一童一少年
양근(지금의 양평)의 강머리에 고기 낚는 배 한 척	楊根江頭一釣船
......	
소년은 노 저으며 배꼬리에 걸터앉았고	少年搖櫓踞船尾
동자는 줄 삶느라 솥 가에 앉았는데	童子炊菰坐鐺邊
영감은 술에 취해 깊은 잠이 들었는지	翁醉無爲睡方熟
......	

그런데 이 시의 소년(少年)은 어쩐지 오늘날 우리가 알고 있는 그런 뜻이 아닌 것 같다. 세 사람이 탄 이 고깃배의 노를 젓고 있는 '소년'은 나이로나 하는 일로나 어엿한 젊은이라고 해야 하지 않을까?

젊은이를 가리키는 표현은 시대마다 달랐다. 젊다 또는 어리다는 뜻의 한자로는 '약(弱)'이나 '소(少)'가 있다. 그래서 약년(弱年)이니 소년(少年)이니 하는 말들이 젊은이라는 의미로 많이 사용되었다. 특히 젊다는 뜻으로 연소(年少)하다는 말을 자주 사용하였고, 앞의 정약용의 시에서처럼 요즘과 달리 소년이 젊은이를 가리키는 일반적인 호칭이었다. '어린이'에 해당하는 연령대를 아이 — 한자로는 동몽(童蒙)이나 동자(童子) — 라고 했고, 소년이라는 말은 십 대 후반부터 이십 대까지의 젊은이를 가리키는 말로 사용되었다. 또 소년 외에 '자제(子弟)'라는 말도 자주 쓰였다. 소년이 주로 나이를 기준으로 장년, 노년과 구분하여 젊은이를 가리키는 말이었다면, 자제(子弟, 아들과 동생)는 부형(父兄, 아버지와 형)과 구분되는 다음 세대를 가리킨다. 그런 만큼 자제는 교육받는 다음 세대를 가리키는 말로 많이 사용되었다.

그렇다면 '청년'은? 청년이라는 말이 전통 시대에 없었던 것은 아니었다. 그러나 청년의 용례는 아주 드물었고, 그조차도 젊은 사람이나 젊은 세대의 의미가 아니라 형용사적으로 '젊은' 정도의 의미로 사용되거나(예를 들어 젊은 과부를 청년과부라 하였던 것), '젊은 시절'이라는 뜻으로 사용되었다.

소년이나 자제와 같은 말들이 정확히 인생의 어느 시점까지를 가리키는 것인지는 상황에 따라 달랐다. 오늘날과 같이 연령을 기준으로 삼는 것이 아니라 상황과 조건, 여러 가지 상대적인 기준에 따라 연소한 사람들을 구분했기 때문이다. 또 연륜을 존중하는 전통적인 농경사회에서 젊다는 것은 대체로 아직 경험이 부족하고 치기에서 벗어나지 못하였다는 뜻이기도 했다. 그러나 근대사회로의 전환 속에서 전통적인 젊은이관은 근본적으로 변화하게 된다.

근대 '청년'의 도입과 갈등

오늘날 젊은이를 가리키는 일반적인 말인 '청년(青年)'은 일본에서 근대 서구의 청년, 즉 'young man'의 번역어로 등장했다. 1880년 일본의 초기 기독교 지도자 가운데 한 사람인 고자키 히로키치(小崎弘道)가 YMCA를 기독교청년회(基督教青年會)로 번역한 이래 일본에서는 '세에넨(青年)'이 젊은 세대를 일컫는 일반적인 말로 정착했다. 우리나라 사람들이 '청년'을 사용하게 된 것은 1896~1897년경이다. 1896년 도쿄에 유학 중이던 우리나라 관비유학생들이 대조선유학생친목회라는 모임을 만들고『친목회회보』를 발간했는데, 이 잡지의 제3, 4, 5호에 일본에서 사용된 것과 같은 의미로 청년이라는 말을 사용한 글들이 게재되었다. 우리나라에서는 기독교회가 청년회를 조직하면서 처음 근대적 의미의 청년이라는 말을 도입하였다. 1897년 감리교의 여러 교회에서 '엡윗청년회(Epworth League)'를 조직하였던 것이 시초였다.

그러나 여전히 대부분의 사람들에게 청년이란 무슨 말인지 낯설었다. 이런 상황에서 묘한 사건이 발생했다. 1898년 7월 1일 정부와 여러 학교,『독립신문』등 대한제국의 주요 기관에 편지가 한 통씩 배달되었다. 편지의 내용인즉, 황태자가 고종 황제를 대신하여 정사를 볼 것을 요구하는 것이었다. 역모나 다름없는 사건인지라 온통 난리가 났는데, 문제는 이 편지의 발신인이 '대한청년애국회' 이름으로 되어 있었다는 것이다. 당시 사람들은 청년이니 청년회니 하는 것은 모두 개화파의 용어라고 생각했던 탓에 사건 수사에 착수한 경무국은 당장 당시 개화운동의 중심이었던 배재학당부터 조사하기 시작했다. 이에 배재학당의 총교사였던 아펜젤러(Henry G. Appenzeller)는 "배재학당에는 청년회라 하는 것이 본래 없고, 학교 안에 소년들과 어린 아이들이 하는 회(아마 1896년 결성된 협성회일 것이다)가 있는데, 서양방식을 따라서 청년회라 칭하였으니 청년은 즉 소년"이라고 밝혔다. 요컨대 대한청년애국회는 배재학당과 무관하다는 해명이다. 그런데 청년이 곧 소년이라는 아펜젤러의 설명은 당시 젊은이를 가리키는 일반적인 말이 소년이었고 청년이 새롭게 도입된 말이었다는 사실을 잘 보여주고 있다.

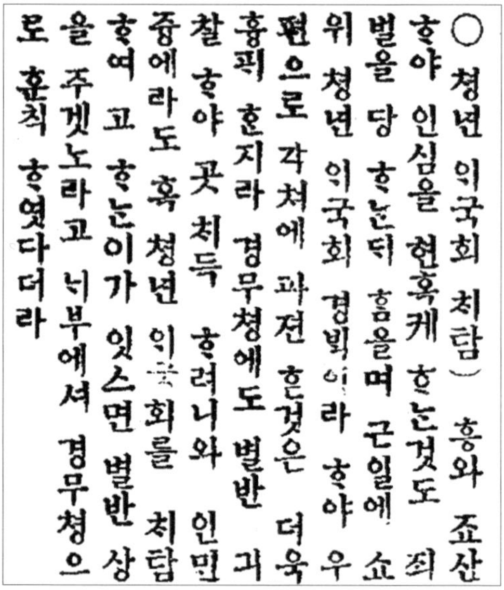

○ 청년 ᄋᆡ국회 치담) 흥와 죠산 ᄒᆞ야 인심을 현혹케 ᄒᆞ는것도 죄벌을 당 ᄒᆞᄂᆞᆫᄃᆡ ᄒᆞᆷ을며 근일에 쇼위 청년 ᄋᆡ국회 경빅이라 ᄒᆞ야 우편으로 각처에 파젼 ᄒᆞᆫ것은 더욱 흉ᄑᆡ ᄒᆞᆫ지라 경무청에도 별반 긔찰 ᄒᆞ야 곳 치득 ᄒᆞ려니와 인민 즁에라도 혹 청년 ᄋᆡ국회를 치담 ᄒᆞ여 고 ᄒᆞᄂᆞᆫ이가 잇스면 별반 상을 주겟노라고 ᄂᆡ부에서 경무청으로 훈칙 ᄒᆞ엿다더라

그림 6-1 • 청년애국회 관련 기사(『독립신문』, 1898년 7월 16일 자)

이 사건의 여파가 꽤 컸던 탓인지 1904년 무렵까지 '청년'이라는 말 자체가 그다지 잘 사용되지 않았다. 우리나라의 신문이나 잡지에 청년이 본격적으로 등장하기 시작하는 것은 1905년 이후였다. 1905년 애국계몽운동이 활발히 진행되면서 학교를 설립하여 신지식을 보급하고 근대화를 이루겠다는 교육구국운동이 절정에 달했다. 1908~1910년 사이에만 사립학교 2,250개가 설립될 정도였다.

그렇다면 교육구국(敎育求國)은 어떻게 전개되었을까? 당시 애국계몽운동의 주창자들은 관료나 새로운 문물에 눈뜬 개신(改新) 유학자들로 이루어진 지역의 뜻있는 선각자[有志先覺]들이 학교를 설립하고 '청년'자제들을 가르침으로써 교육구국이 가능하다고 생각했다. 애국계몽운동자들은 민중에게 국민으로서의 의식을 심어 주기 위해 그들을 국가 내의 특정한 사회나 집단의 일원으로 규정하고 그 집단에 국가에 대한 의무를 부여했다. 그렇다면 청년들에게 어떤 의무가 주어졌을까? 당연히 '교육상에 열심'하고 '어서 급히', '어서 바삐 공부'할 것을 요구했고, 그것이 대한독립과 나라사랑의 길이라고 인식하였다. 이렇게 애국계몽운동이 급속히 확산되면서 청년학생, 청년자제 등이 근대교육과 관련된 젊은이를 가리키는 말로 확산되었고, 청년이 소년보다 더 널리 쓰이게 되었다.

소년이라고 하거나 청년이라고 하거나 어느 쪽이든, 근대의 젊은이들은 새로운 시대의 주인공으로 각광받았다. 이 무렵 등장한 응원가 한 곡이 젊은이를 바라보는 관점의 변화를 잘 보여 준다. 1909년 7월 23일 일본 와세다 대학에 유학 중이던 유학생들이 야구단을 만들어 활동하다 귀국하여 미국 선교사 팀과 시범 경기를 벌였다. 『황성신문』과 같은 당시 주요 신문이 1면에 보도할 만큼 큰 관심을 끌었는데, 이 시합에서 관중들이 '소년남자(少年男子)'라는 응원가를 불렀다고 한다(『황성신문』 1909년 7월 22일 및 25일 자 1면; 『대한매일신보』 1909년 7월 24일 자 1면).

(일)
무쇠 골격 돌 근육 소년남자야
애국의 정신을 분발하여라
다다랐네 다다랐네 우리나라에

소년의 활동 시기가 다다랐네

(이)
신체 발육하는 동시에
경쟁심 주의력(注意力) 양성하려고
공기 좋고 구역 넓은 연기장(演技場)으로
활발 활발 나는 듯이 나아가네

(삼)
충렬사(忠烈士, 충신열사)의 더운 피 순환 잘되고
독립군의 팔다리 민활하도다
벽력과 부월(斧鉞) 당전(當前)하여도(눈앞에 있어도)
우리는 조금도 두려움 없네

(후렴) 만인대적(萬人對敵) 연습하여 후일 전공(戰功) 세우세
　　　 절세영웅 대업(大業)이 우리 목적 아닌가

　무쇠와 같은 골격, 돌 같은 근육, 국가의 독립을 지키는 군대의 일원으로 벼락이 떨어지고 창칼을 눈앞에 들이대도 두려움 없이 싸우는 남자, 수많은 적과 싸워 이기는 젊은 영웅들이 시대의 정신을 대표하게 되었다. 국제적인 경쟁의 시대, 국망의 위기가 눈앞에 닥쳐왔는데 무기력하게 무너지는 아버지와 선배들과는 대조되는, 젊은 투쟁의 육체와 정신이 이상적인 주체로 제시되기 시작했다. 경험과 노숙함보다 패기와 힘, 새로운 사상의 시대가 시작된 것이다.

그러나 1910년대까지도 소년과 청년을 크게 구별하지 않고 사용했다. 흔히 '이수일과 심순애'로 알려진 번안소설『장한몽』에 등장하는 김중배는 "아직 삼십을 넘지 못하였으되 이미 해외에 유학하여 고등학문을 졸업하고 장래가 유망한 일개 청년신사"로, 금산은행 평양지점 지배인이지만 경우에 따라서 "단장 짚은 일위 소년남자"로 묘사되기도 했다. 소년이나 청년이나 여전히 교육받아야 할 세대라는 의식이 강했으므로 '어린이'와 '젊은이'로서 '소년'과 '청년'을 구분할 필요가 없었던 것이다. 그러나 청년이야말로 주체라는 의식이 강해지면서 소년과 청년을 구분하기 시작했다. 1917년『매일신보』에 연재되었던 이광수의『무정』은 경성학교 영어교사 이형식을 '순결한 청년'으로 서술하여 그의 제자인 '여러 소년'들과 확연히 구분했다. 이광수 또래의 세대들은 자신과 같은 청년들이 새로운 시대의 주역이 되어야 한다고 강렬히 인식하기 시작하였다.

2. 청년의 시대

부형도 없고 선배도 없어라

1905년 이후 애국계몽운동 속의 청년은 이미 깨우친 뜻있는 부형이나 선배들에게서 교육받아야 하는 대상이었다. 그런데 1910년대에 접어들면서 무엇보다 청년 자신이 중심이 되어야 한다고 주장하는 세대들이 나타났다. 이광수처럼 일본에 유학하면서 근대문명을 직접 경험한 사람들은, 특히 이 시점에서 부형과 선배 세대들을 아주 부정적으로 평가하였다. 이광수는 고주(孤舟)라는 필명으로 1910년 『소년』에 「금일 우리 한국청년의 경우」라는 글을 발표했다.

금일 우리 대한 청년은 타국이나 타 시대의 청년과는, 그 할 바 직분이 다르니 …… 해 놓은 것 없는 공허하고 막막한 곳에 여러 가지를 창조하는 것이 직분이라. …… 우리들 청년은 피교육자 되는 동시에 교육자 되어야 할지며 학생 되는 동시에 사회의 일원이 되어야 할지라. 자세히 말하자면, 우리들은 학교나 선각자에게서 배우는 동시에 자기가 자기를 가르치고 이끌어야 할 것이요, 학교나 기타 교육기관에 따라야 하지만 동시에 이런 기관을 운영하는 자가 되어야 할지라.

근대화에 실패한 우리 사회의 선배세대들은 "앎도 없고 함도 없"으니 청년들이 "선조도 없는 사람, 부모도 없는 사람"처럼(이광수, 「자녀중심론」, 『청춘』, 제15호) 사회의 모든 근대적 개혁을 직접 이끌어 가야 한다는 주장이었다. 이광수 외에도 현상윤이나 장덕수 등 이후 민족주의 이념을 이끌어 갔던 많은 유학생들이 1910년대 유학생들의 회지인 『학지광(學之光)』을 통해 민족의 근대화를 이끌어 갈 선구자로서 청년의 책임과 역할을 계속 강조하였다.

그림 6-2 • 조선청년연합회 발대식(『매일신보』, 1920년 12월 3일 자)

민족의 중심

그러나 실제로 청년이 사회변화의 본격적인 주역으로 등장한 것은 1920년대였다. 1919년 3·1운동이라는 대규모 저항에 직면했던 일제는 부분적으로나마 식민지에 사회·정치적 활동공간을 열어 줄 수밖에 없었다. 한편 3·1운동을 통해 민중의 역사적인 힘을 경험한 한국인들은 민족의 진로에 대한 새로운 가능성을 찾을 수 있었다. 이런 시점에서 청년의 시대가 꽃피었다. 전국 도처에서 청년회가 조직되고 활동을 개시했다. 1920~1922년 사이에 1,300개 이상의 청년회가 조직되어 1922년에는 전국의 청년회 수가 2,000개를 넘었다. 1920년 12월에는 각지 청년회가 모여서 만든 조선청년연합이 결성되기도 했다. 청년회의 활동을 찬양한 다음과 같은 노래가 무색하지 않을 정도였다.

옳다 그렇다 청년의 대활동
가는 곳마다 대환영 받았다
사회의 개조와 종교의 혁신
대활동이 아니고 무엇이더냐

(김용, 「청년의 활동」, 『동아일보』, 1920년 6월 30일 자)

『동아일보』, 『조선일보』, 『개벽』 등 거의 모든 신문과 잡지마다 청년에 대한 논의가 넘쳐 났다. "우리 사회의 개조와 발전과 활로가 청년 제군의 손안에 있다"(박창옥, 「청년회 제군에게」, 『동아일보』, 1920년 7월 31일 자)든지, 청년이야말로 "문명의 유도자이며 사회를 혁신"하는 주역(신원철, 「아반도 청년 제군에게 격고문」, 『조선일보』, 1922년 12월 7일 자)으로 받아들여졌다.

청년은 사회의 생명이요 사회의 동력이라. 청년이 진취적 기상과 희생적 정신에 충실하고 풍부하면 그 사회는 장차 번영과 광영에 눈부신 광채를 발할 것이오. …… 조선 민중 억만 대의 광영을 위하여 우리의 고난과 박해와 기아와 추위가 필요하다면, 아! 우리의 안일을 버리는 것이, 우리의 따뜻하고 배부름을 버리는 것이, 우리의 구구한 애정을 버리는 것이, 헌신짝 버리는 것과 다른 바 있으리오(「청년의 기개가 어떠함이오: 무의(無意)의 삶보다는 편안히 유의(有意)할 죽음을 취할지어다」, 『동아일보』, 1922년 1월 9일 자).

그렇다면 왜 이렇게 청년이 부각되었을까? 처음 청년을 조선사회 개혁의 주체로 부각시켰던 것은 이른바 문화운동론자들이었다. 문화운동이란 1920년대 초반 민족주의 지식인들이 포괄적인 '문화'의 영역에서 계몽활동을 통해 조선사회를 급속히 문명화·근대화된 사회로 변화시키고자 한 운동이다. 그리고 문화운동을 주도한 것이 바로 (존중할) 선배도 부모도 없는 청년이라고 스스로 인식하던 『학지광』 그룹이었다. 또 이들보다 어리지만 1900년대 이래 새로운 근대교육을 받고 3·1운동에 참여했던 젊은이들이 청년으로서의 세대의식을 지니면서 적극적으로 사회 '개조'에 함께하고자 했다. 이들에게 청년은 급격히 근대화·문명화해야 할 한민족의 새로운 가치와 목표를 상징했다. 동시에 청년이라고 하는 세대적 주체를 내세움으로써 계급과 계층의 차이를 넘어 민족 전체를 아우를 수 있을 것 같기 때문이었다.

그러나 이들이 내세운 청년이 실제로 민족 전체를 아우르는 주체가 될 수 있었을까? 결론부터 이야기하자면 그렇지 못했다. 이들이 제시한 청년이란 한국의 문명화·근대화를 이끌어 나가기 위해 민족의 다른 구성원들을 계몽할 수 있는 정신적·물질적 능력을 갖춘 젊은이들이어야 했다. 이런 자질을 갖추기 위해서는 상당한 수준의 '수양'이 요구되었다. 그러나 당시 대부분의 젊은이들은 빈곤과 일제의 가혹한 수탈 속에서 제대로 교육받을 수 없는 처지에 있었다. 이들은 '청년'이 되기 위한 '수양'이 결여되어 있었을 뿐 아니라 실제로 수양을 할 여유조차 없었다. 이렇다 보니 '유식계급의 청년'이나 '지방부호와 명문거족의 자제들'이 청년 중의 청년, 진정한 청년이 될 수 있었다. 심지어는 나이가 젊다고 해서 다 청년이 아니며, 실제 나이가 많다 하더라도 청년의 정신과 기상을 가진 사람은 칠십에도 청년이 될 수 있다는 논리가 제시되기도 할 지경이었다(류경상, 「청년과 종교」, 『청년』, 제1권 제5호).

이런 까닭에 1920년대 초반의 청년회에서는 40~50대의 이른바 유지들이 임원을 맡는 경우도 허다했다. 청년회를 청년이 주도하지 못하는 사태가 발생한 것이다. 이는 1920년대 초반 문화운동론이 제시했던 청년이 부르주아 계급성을 강하게 지니고 있었기 때문이었다.

식민지의 젊은이들

그렇다면 식민지에 살고 있던 실제 젊은이들의 삶은 어떠했을까? 먼저 다 같이 청년이라고 하지만 각 계급 청년 간에는 너무나 큰 차이가 가로놓여 있었다. 예를 들어 보자. 우리에게는 청년학생이라는 말이 참 자연스럽게 어울리는 말이다. 실제로 오늘날 우리 사회에서 15세에서 25세까지의 젊은이 중 학생이 아닌 사람은 매우 드물다. 그러나 식민지 조선에서는 반대로 극히 일부의 젊은이들만이 학생이 될 수 있었다.

일단 보통학교를 졸업해야 중등학교 학생이 될 수 있다. 1930년대 초반의 사례를 살펴보자. 1930년부터 1932년까지 3년간 보통학교 졸업생의 중등학교 진학률은 각각 21.5퍼센트, 17.1퍼센트, 17.3퍼센트였다. 보통학교에서 중등학교로의 진학률만 본다면 그렇게 낮은 편은 아니다. 그러나 문제는 보통학교 취학률 자체가 극히 낮았다는 점이다. 1924년부터 1926년까지 3년간의 보통학교 취학률이 각각 14.7퍼센트, 15.3퍼센트, 16.4퍼센트에 불과했으므로 1930년대 중등학교 진학자는 그 나이 또래 청년의 약 2.5~3퍼센트에 불과한 셈이다. 학비도 학비려니와 고등보통학교나 농업학교, 상업학교 등 중등학교는 대부분 도시에 있었기 때문에 어지간한 부농이 아니고서야 하숙비와 생활비를 함께 감당하기란 거의 불가능했다. 따라서 대부분의 중등학교 이상 학생들은 지주나 자본가, 부유한 중산층과 부농의 자제들이었다. 일부 고학생(苦學生)들이 있기도 했지만, 이들이 학업을 마치는 것은 극히 어려웠다.

나머지 젊은이들은 노동자나 농민으로 생산현장에서 일해야 했다. 1930년도 통계에 따르면 전국의 산업종사자 가운데 청년 노동력의 비율은 15~19세 13.9퍼센트, 20~24세 13.5퍼센트, 25~29세 11.2퍼센트로 모두 38.6퍼센트에 이르렀다. 청년이 아닌 14세 이하의 어린이 노동력도 6.7퍼센트나 되어 19세 이하 미성년 노동력이 전체의 20퍼센트에 이르렀다. 식민지의 어두운 현실을 보여 주는 지표가 아닐 수 없다(조선총독부, 『조선 인구에 관한 자료(朝鮮人口に關する資料)』).

그중에서도 약 80퍼센트에 이르는 젊은이들은 농촌에 머물러야 했다. 당시 농민들은 높은 소작료와 빈번한 소작권 이동으로 고통받고 있었지만, 농촌의 과잉 노동력을 흡수할 도시조차 아직 미성숙한 상태였다. 1920년대에는 70~80퍼센트, 1930년대에도 절반 이상의 빈농 청년들이 정규교육의 기회를 아예 얻지 못했다. 보통학교를 졸업했다고 해서 청년들에게 별다른 기회가 주어지는 것도 아니었다. 일찍 결혼시키는 조혼풍습이 많이 사라졌다고는 하지만 1930년대까지도 남성은 24세 이전, 여성은 19세 이전에 결혼하는 것이 보통이었다. 1935년 통계에 따르면, 남성 중 24세 이하의 젊은이 가운데 이미 결혼한 사람이 65.3퍼센트에 이르렀고, 여성은 19세 이하의 연령으로 결혼한 사람이 62.4퍼센트였다.

요약하면, 대다수의 식민지 청년들이 극히 제한된 교육 기회, 어려운 경제적 상황, 가족을 부양해야 할 책임과 같은 악조건 속에 처해 있었다. 그러다 보니 "특히 최근 학생청년 사이에 전후를 생각하지 않고 왕왕히 과격한 외래사상에 침투되어 무모한 일을 하여 사회를 소요케 하는 자들(이마이다(今井田) 정무총감의 1931년 도지사회의 훈시)"이 생기는 것도 무리가 아니었다.

식민지의 청년, 전위를 꿈꾸다

1922~1923년경부터 식민지사회에서 사회주의운동이 본격적으로 전개되기 시작했다. 상식적인 이야기지만, 사회주의운동은 노동자·농민을 기반으로 해서 공산당을 조직하고, 당의 지도 아래 혁명을 수행하고자 하는 운동이다. 사회주의자들의 청년조직인 공산청년회도 당의 지도 아래 만드는 것이 원칙이었다(실제로 1925년 제1차 조선공산당도 당이 결성된 이후 핵심 당원 박헌영 등으로 하여금 고려공산청년회를 조직하게 하였다).

그러나 이 당시 식민지 조선에는 근대적 노동계급이 형성되지 않았고 농민운동 경험도 조직적으로 계승되지 않고 있었다. 반면에 청년운동만큼은 전례 없이 활발히 이루어지고 있었다. 이런 상황에서 사회주의자들은 우선 청년들에게서 혁명적 조직과 이론을 일구어 가려고 했다. 한국에서는 청년을 제외하고는 도저히 계급적·혁명적 무산자를 구할 수 없으며, 한국의 조직된 선구적인 청년들은 혁명운동의 "본진(本陣)인 동시에 별동대(別動隊)의 핵심이 되고 지도자"가 되어야 했다(주종건, 「무산청년운동과 조선」, 『개벽』, 제39호, 1923). 왜냐하면 "청년의 감정은 백합화의 방향(芳香) 같고 성결하며 그의 기분은 열렬하여 앞에 아무 공포가 없이 주저가 없이 '이렇다' 하면 그대로 직진할 뿐"이기 때문이다. 심지어 이런 청년의 특징은 생리학적으로 결정된 것이라고까지 했다(송봉우, 「연령제한론: 이십오 세를 주장」, 『척후대』, 임시호 1면, 1924년 7월 5일 자).

그림 6-3 · 고려공산청년회 인장

그림 6-4 · 담양의 청년회관(『동아일보』, 1927년 1월 2일 자)

　이런 청년의 정의는 부르주아적 청년상을 축출하고 사회주의자들이 청년운동의 주도권을 장악하는 데 중요한 역할을 했다. 부르주아 문화운동론은 청년을 나이에 상관 없이 문화적·문명적 시각을 획득한 민족의 선도자로 규정하고 있었다. 사회주의자들은 여기에 도전하여 청년회는 청년의 손에 돌려 주어야 한다고 주장했다. 이들은 연령이라는 '생리학적·과학적' 기준으로 청년을 정의할 것을 주장하여 관철시켰다. 1920년대 중반 사회주의 청년들은 지역의 청년회에서 '유지'들을 축출하고 청년회 조직을 '혁신'하는 데 성공했다. 1920년대 후반과 1930년대 지역사회운동은 이런 사회주의 청년들의 힘에 의해 크게 활성화되었다.

그러나 1920년대 후반에 접어들면서 사회주의운동이 다양한 영역에서 성장하면서 이런 '청년=해방운동의 전위'라는 등식을 고수할 필요가 약해지기 시작했다. 사회주의운동의 이론적·실천적 성장으로 청년에게 굳이 전위의 역할을 부여하지 않아도 된 것이다. 게다가 신간회운동이 본격화하면서 '청년'을 통일전선의 장으로 바라보는 관점이 주류를 이루었다. 청년을 단일한 주체로 인식할 필요가 사라진 것이다.

1928년 코민테른(공산주의 인터내셔널(Communist International)의 약칭)은 한국의 사회주의자들에게 '12월 테제'라는 새로운 원칙을 제시했다. 12월 테제는 그때까지의 조선사회주의운동을 비판하고 노동자·농민을 중심으로 당을 건설할 것을 요구하였다. 12월 테제 이후 계급환원론적인 사고방식이 더욱 일반화되었다. 청년이라는 세대 구분은 계급론적 분석 이후에나 의미를 가지는 것이었고, 1930년대 중반까지 사회주의 청년 담론은 오히려 청년 내부의 균열을 명확히 하는 것에 집중하였다. 천도교 농민운동, 브나로드운동처럼 청년을 동원하는 부르주아 민족주의적 운동방식을 비판할 때 청년 내부의 계급적 분열을 강조하는 데 집중했던 것이다. 이렇게 교조적으로 계급적 대결만을 강조하게 되면서 사회주의자들은 현실에 존재하는 많은 청년들의 문제를 포괄하기 어렵게 되었다. 물론 1930년대 많은 청년 사회주의자들이 제국주의에 반대하는 투쟁에 헌신했지만, 역으로 이들 청년 사회주의자들이 모두 공산당을 건설하는 전위투쟁에서 희생당하면서 현실의 청년 대중을 제국주의 권력이 장악해 가는 것을 막을 수는 없었다.

3. 제국주의, 청년을 동원하다

중견청년

1920년대 말~1930년대 초반 총독부의 청년정책은 중요한 전기를 맞이했다. 농촌 지역의 젊은이들을 체제 안으로 끌어들이기 위한 정책들을 본격적으로 개발하기 시작한 것이다. 먼저 1928년 보통학교 졸업생들을 대상으로 '졸업생 지도'를 실시하고, 이후 농촌진흥운동의 이른바 '중견인물 양성' 정책이 본격적으로 궤도에 오르면서, 보통학교 졸업생 지도와 각종 농촌청년훈련소, 강습소 설치와 같은 시책들이 결합되어 추진되었다. 또 각지에 관제 청년단을 결성하게 하더니 1936년에는 전국의 청년단을 일원화시켜 조선연합청년단을 결성하게 했다.

그런 정책의 가장 우선적인 목적은 농촌사회를 통제하고 동원하는 핵심으로 청년을 조직하는 것이었다. 1930년대 일제가 모든 농촌의 젊은이들에게 혜택이 돌아가는 정책을 시행하는 것은 불가능했고, 그럴 필요도 없었다. 일제는 농촌사회의 젊은이들 가운데 일부 엘리트층을 선택하여 이들을 집중적으로 후원하고 통제하여 자신들의 뜻대로 움직이고자 했다.

중견청년, 모범청년을 양성한다는 여러 정책의 선발 기준 가운데 가장 두드러진 것이 보통학교를 졸업해야 한다는 조항이었다. 취학률이

15퍼센트에도 못 미치던 시절 보통학교를 졸업했다면 농촌에서는 그래도 살림에 여유가 있는 편이었다. 즉, 일제는 그나마 여유 있는 집안 출신으로 교육을 받은 젊은이들을 중견청년으로 선발하였다. 한편으로 일제는 이들에게 경제적·기술적 지원을 집중하면서, 동시에 강연이나 훈화, 또는 교사나 관료들과의 개인적인 접촉 등을 통해 제국주의 정책에 순응하도록 만들어 갔다. 일제는 이렇게 이념적으로나 실질적으로 현실체제에 순응하는 엘리트 청년층을 양성한 다음, 이들을 통해 향촌사회를 통제하고 지배정책의 목표를 달성하고려고 획책했다. 중견청년이 '농촌을 구제하고 농민의 자각을 환기'하는 임무를 제일선에서 수행해야 한다고 독려한 것은 바로 이런 의미였다.

제국 병사로서의 청년

1940년대 제2차 세계대전이 격화되면서 일제가 한국의 청년을 동원하는 방식도 근본적으로 변화하기 시작했다. 이전에는 순량한 국민으로서 착실하게 국가정책의 수행을 보조하던 역할에서 적극적으로 전쟁 수행과 내선일체를 주도하는 역할을 하지 않으면 안 되었다. 식민지 조선 사회의 총동원을 위한 중심 역할을 수행해야 하는 '반도의 청년'들은 "내선일체라는 최고명령에 복종"하여 "국내를 정비하고 국민이 총 친화하고 일대 가족을 형성"해야만 하게 된다.

1936년 이후 청년단체제를 확대 강화하면서 조선총독부는 청년들로 하여금 전시정책을 일반인들에 전달하는 핵심 역할을 수행토록 했다. 정책 홍보와 일본어 보급은 물론이고, 공공사업이나 전쟁 대비 노역사업에 청년단 조직을 통해 청년들을 동원했다. 흔히 전시체제라고 하는 상황 속에서도 제국주의에 항거하는 청년들이 완전히 사라졌던 것은 아니지만 대중에게 그런 저항이 알려질 가능성은 매우 작았다.

전쟁이 확대되고 전황이 일본에 불리해지면서 제국주의는 한국청년에게 더욱 힘든 고통을 강제하였다. 한국청년을 전쟁에 동원하기 시작한 것이다. 처음에는 지원병 명목으로 끌고 갔지만, 학병의 경우에는 사실상 강제징병이었다. 그러나 전 한국의 청년에게 징병제를 실시하려면 모든 한국청년이 일본어를 습득해야 하는 것은 물론 군인으로서 필요한 지식과 체력을 가지도록 '연성(鍊成)'해야 했다. 이에 따라 1942년 10월 1일 '조선청년특별연성령(朝鮮靑年特別鍊成令)'을 공포하고 청년특별연성소를 개설하여 징병 대상 '청년' 전체가 황국청년으로 '연성' 대상이 되었다. 한편 황군이 된다는 것은 일본 군인으로서의 자질을 갖춘다는 뜻이었으므로, 일제로서는 한국의 청년을 '내지(일본 본토)의 청년'과 같은 수준으로 만들어 놓는 것은 이른바 내선일체를 완성한다는 성격을 지니고 있었다.

제2차 세계대전의 한가운데에서 한국청년의 연성은 '내지청년'과 마찬가지로 제국의 군

그림 6-5 · 소년병 지원을 독려하는 포스터. 만약 이 포스터를 본 한국의 젊은이가 소년항공병으로 지원했다면 가미카제로 목숨을 잃어야 했을 것이다.

사적 자원이 될 수 있는 수준에 도달하는 것을 의미했다. 일본어 습득은 물론이고 일본인의 예의와 생활습관까지도 체득하는 것이 청년의 의무가 되었고, 이렇게 황국신민화를 선도하는 청년이 '반도의 주인공'으로 정의되었다. 이런 청년은 궁극적으로 일제를 위해 목숨을 기꺼이 바치는 군인이 되어야 했다.

일제는 철저히 국가에 헌신하는 것을 청년의 임무로 제시했다. 일제가 강요한 이런 청년의 모습을 한국민중이 기꺼이 받아들일 리 없었다. 그러나 일본 제국주의에 대한 적개심과는 별개로 대중의 인식 속에는 국가를 위해 모든 것을 바침으로써 국가와 일체가 되기를 추구하는 전체주의적 청년의 모습이 강하게 남게 되었다. 이런 왜곡된 청년의 모습은 해방 이후 국가주의 청년운동의 이념 속에서 부활하였다.

4. 분단과 전쟁 속의 청년

해방된 조국의 청년들, 극단으로 흐르다

우리 민족 대다수가 그렇게 느꼈겠지만, 특히 청년들에게 해방은 자신들이 주역이 되어 새 나라를 건설할 수 있는 좋은 기회였다. 1945년 8월 15일 이후 건국준비위원회가 치안을 맡으면서 많은 청년학생들이 자발적으로 치안유지활동에 참여했다. 특히 일제강점기에 지하활동을 하던 청년들과 강제동원되었다가 돌아온 젊은이들이 치안활동을 적극적으로 주도했다. 따라서 사회주의나 중도좌파 성향의 청년들이 주도권을 장악하였다. 이들은 1945년 12월 조선청년총동맹(청총)을 결성했는

데, 청총의 강령은
진보적 민주주의 실
현과 일제잔재 청산
에 초점을 맞추고 있
었다. 우익에서는 이
에 맞서 청총 결성과
정에서 이탈한 단체
들을 중심으로 임시
정부 지지를 표방하
는 독립촉성중앙청년
회를 결성했다. 그러

그림 6-6 • 조선청년총동맹 결성식(民衆新聞社 編纂, 「解放 朝鮮完全自主獨立 一週年紀念寫眞帖」, 東京, 1946)

나 1945년 12월 말까지도 정치적 성향에 따라 좌우익이 따로 청년단체
를 조직하기는 했지만 양자 사이에 서로를 타도하고자 하는 격렬한 투
쟁은 없었다.

좌우익으로 나뉜 양 진영이 극한 대립을 벌이게 된 것은 1946년부터
였다. 1945년 12월 말 불거진 '모스크바 3상회의 결정'을 좌익은 '임시
민주정부 수립'이라고 해석하여 적극 지지한 반면, 우익은 식민통치의
연장인 신탁통치에 불과하다고 극단적인 거부운동을 벌이게 되었다.

좌익은 진보적인 청년단체의 통합을 추진하여 조선민주주의청년동맹
(민청)을 결성했다(1946년 4월 25일). 민청은 모스크바 3상회의의 결정에 따
라 임시민주정부 수립을 목표로 하여 "모든 청년은 민주주의 깃발 아래
로"라는 슬로건을 제시했다. 민청은 파시즘에 반대하고 민주주의를 지
향하는 모든 청년단체들과 연대하여 통일전선 구축을 추구하였다. 그러
나 미군정 경찰의 탄압과 우익 청년단체들의 공격이 점점 더 강화되자

1947년 상반기에는 민청도 적극적인 반격에 나서 전국적인 맹휴투쟁을 전개했다. 이에 1947년 5월 미군정청은 민청을 테러단체로 규정하여 강제해산시켰다.

우익 청년단체는 반탁 국민운동에 적극 참여하여 전위대 역할을 수행했다. 이들은 주로 '민족자결, 즉시 독립' 등 민족주의적 감성에 호소하는 구호를 내세우면서 '매국노 배격'을 주장했다. 모스크바 3상회의의 결정을 지지하는 모든 세력을 '반역자, 매국노, 노예화 분자, 극좌 사대주의자'로 비난하고, 특히 공산당을 주요 공격 대상으로 삼았다. 따라서 이들의 반탁투쟁은 실질적으로 반공투쟁이 되었고, 좌우익의 대립은 날로 심각해졌다.

특히 일부 극우 청년단체는 공공연히 폭력을 행사하여 공포의 대상이 되었다. 대표적인 것이 월남청년들로 구성된 평남동지회 — 이후 서북청년회(서청) — 였다. 서청은 "반공, 반탁, 자주독립, 남북통일"을 강령으로 내세우면서 "전적으로 좌익을 타도한다", "테러는 테러로 대항한다"라는 원칙을 공공연히 내세웠다. 1947년 6월에는 서청 본부가 남선지구평정특공대(南鮮地區平定特攻隊)라는 폭력 전위조직을 만들어 좌익진영의 언론사를 공격하고 집회를 방해하며 단체 사무소를 습격하기에 이르렀다. 또 1946년 4월 결성된 대한민주청년동맹(대한민청)도 "3,000만의 전투적 전위부대, 완전한 자주독립의 전취, 국가의 지상명령에 절대복종" 등 파시스트적인 구호 아래 반공투쟁을 전개했다. 특히 종로의 깡패 출신 김두한이 이끌던 대한민청 별동대는 1946년 9월 철도노조 파업과 10월 인민항쟁 당시 좌익 파업을 강제진압하면서 무자비한 폭력으로 악명을 떨쳤다.

한반도의 남북 간 분단이 기정사실화되면서 남쪽에서는 좌우익 청년단체 간의 역학관계도 크게 변화하였다. 민청이 해산된 후 결성된 조선민주애국청년동맹(민애청)은 극심한 탄압을 겪었다. 민애청은 1947년 8월의 대검거로 간부 대다수가 검거되면서 지하로 잠적할 수밖에 없었다. 이 과정에서 일부는 월북하거나 파르티잔(일명 빨치산)에 가담하기도 했지만, 또 많은 수는 전향하기도 했다.

이에 반해 우익 청년단체는 전성기를 맞이했다. 서북청년회 등 극우청년단체의 테러는 악명이 높았다. 이들 청년단은 국가지상·민족지상의 국가주의 이념을 내세웠지만 사실은 독재자 이승만 개인에 대한 충성으로 귀착될 수밖에 없었다. 1948년 12월 여러 청년단체를 통합하여 설립한 대한청년단 강령에서 그런 면모가 잘 드러난다.

〈대한청년단 강령〉

첫째, 우리는 총재 이승만 박사의 명령에 절대 복종한다.

둘째, 우리는 피와 힘을 뭉쳐 남북통일을 시급히 완수하여 대한민국의 국위를 천하에 선양하기를 맹세한다.

셋째, 민족과 국가를 파괴하려는 공산주의 적구도배(赤狗徒輩)를 남김 없이 말살하여 버리기를 맹세한다.

넷째, 우호 열방의 세계 청년들과 제휴하여 세계평화 수립에 공헌하고자 맹세한다.

이미 권력을 장악한 이승만 정권은 우익의 청년들에게 무조건 복종을 요구했다. 실제로 대한청년단으로 통합되는 과정에서 거부반응을 보였던 조선민족청년단(족청)은 이승만이 이범석에게 직접 압력을 가해 강제로 해산시키다시피 했다. 대한청년단 강령에서 남북통일, 국위선양, 세계평화 등의 추상적인 이야기를 빼고 나면 남는 것은 이승만에 대한 충성과 공산주의자 말살, 두 가지뿐이다. 그리고 이 두 명제를 연결하면 이승만에 대한 반대는 곧 공산주의이고, 그것은 말살의 대상이 된다는 것을 의미했다. 독재자 개인이 청년들을 이념과 현실의 모든 면에서 조직화하여 장악하고 정치적으로 동원하고자 했던 것이다.

한국전쟁과 청년들의 죽음

전쟁이 발발했을 때 청년들이 전선으로 나가야 하는 것은 피할 수 없는 일이지만, 어떤 상황에서도 징집은 정해진 법과 절차에 따라 이루어져야 할 것이다. 그러나 한국전쟁 기간 중 전선이 위급한 상황에서 청년들은 제대로 훈련조차 받지 못하고 무작정 군대에 끌려가는 경우가 많았다. 영화 「태극기 휘날리며」에서 원빈(이진석 역)은 아직 학생인 데다 군에 갈 수 없는 환자였음에도 불구하고 강제로 끌려가는 장면이 나온다. 실제로 낙동강 전선에서 전투가 치열할 때는 대구 시내에서 젊은이들을 사냥하다시피 징집해서 훈련을 시킬 새도 없이 곧바로 전투에 투입하는 일도 드물지 않았다.

그나마 군에 징집된 경우는 그렇다 치더라도, 이른바 국민방위군 사건은 전쟁기간에 청년들이 겪었던 고초를 단적으로 보여 준다. 원래 이승만 정권은 여러 청년단체를 통합하여 대한청년단을 만들고 여기에 일정 연령의 젊은이들을 소속시켜 효율적으로 통제하고자 했다. 대한청년단은 이후 청년방위대로 이름을 바꾸는데, 한국전쟁 중에 국민방위군이라는 군 조직으로 개편하였다. 국민방위군은 전국 각지에서 50만 명에 이르는 청년들을 마구잡이로 징집하여 구성했는데, 이렇게 많은 사람들을 먹이고 입히는 데 적지 않은 비용이 드는 것은 자명한 일이었다. 그런데 국민방위군 간부들은 상상을 초월하는 부정부패를 저질렀고, 그 결과 1·4후퇴 기간 중에 1,000명 이상의 국민방위군 청년들이 굶어 죽고 얼어 죽는 참사가 벌어지기도 했다.

북한이 남한의 점령 지역에서 모집한 의용군 중 상당수도 강제로 동원된 청년들이었다. 북한 지도부는 1950년 7월 초에 조선인민의용군 본부를 설치하고 전쟁 수행에 필요한 병력을 확보하였다. '의용군 초모사업에 관하여'라는 북조선노동당 결정을 보면 세 가지 원칙이 제시되어 있다.

첫째, 의용군은 18세 이상의 청년으로 하되 빈농민 청년을 많이 끌어들일 것
둘째, 각 도에 할당된 징모 수를 책임지고 완수할 것
셋째, 전 남로당원으로서 변절자(보도연맹 가입자)도 의무적으로 참가시킬 것

의용군은 자원입대가 원칙이었지만 할당된 인원을 채우기 위해서는 사실상 강제징집을 피할 수 없었다. 낙동강 전선에서 격전이 계속되고 병력 소모가 극심해지자 인민군 병력 중에서 남한 출신 의용군 비중이 크게 늘어났다. 그만큼 강제로 동원된 젊은이들의 숫자도 늘어날 수밖에 없었다.

3년간이나 계속된 전쟁도 전쟁이었지만, 전쟁 이후 남북한은 거대한 두 개의 병영국가로 재조직되었다고 해도 좋을 만큼 군부의 영향력이 커졌다. 그리고 모든 젊은이는 의무적으로 장기간의 병역의무를 지지 않을 수 없었다. 따라서 청년들의 삶에서 군대가 차지하는 비중이 다른

어떤 나라보다 커질 수밖에 없었다. 전쟁 경험과 군대문화는 청년들 사이에 수직적 위계와 상명하복의 문화, 그리고 권력의 폭력적 개입을 일상화시켰다.

이렇게 분단과 전쟁을 겪는 과정에서 반제국주의나 사회적 진보를 상징하던 민주주의적 청년상은 크게 약화되었고, 현존 체제와 국가에 맹종하는 파시즘 청년이 주류로 대두되었다. 전쟁 이후 1950년대 한국사회에서도 이런 경향은 사라지지 않았다. 그러나 학원(學園)을 중심으로 민주주의와 민족주의를 실행할 주체로서 청년이 복원될 준비를 갖추고 있었다. 4월혁명이야말로 청년들이 폭압적 국가권력으로부터 민주주의를 실행하는 주체로 재등장하는 계기가 되었다. 다만 식민지배하의 청년들과 달리 민주화를 이끌어 가는 청년들은 대부분 학생이었다. 청년학생이 민주주의를 위해 싸우는 시대가 시작된 것이다.

참고문헌

권명아, 『역사적 파시즘: 제국의 판타지와 젠더 정치』, 책세상, 2005.
김행선, 『해방정국청년운동사』, 도서출판 선인, 2004.
이기훈, 『청년아 청년아 우리 청년아: 근대, 청년을 호명하다』, 돌베개, 2014.
한국역사연구회 근현대청년운동사연구반, 『한국근현대청년운동사』, 풀빛, 1996.
허수, 「전시체제기 청년단의 조직과 활동」, 『국사관논총』, 제88집, 2000.

3부
근대가 탄생시킨 새로운 사람들

관료
출세의 길은 열렸으되

송찬섭

1. 한말: 귀천에 관계없이 인재를 뽑으리라!

관료 또는 관리는 행정을 담당하는 국가공무원을 부르는 일반적인 칭호이다. 관료의 경우 직책에 따라 차이가 크지만 대체로 한 사회의 엘리트이며 권력과 부를 이룰 수 있는 자리이다. 많은 이가 꿈꾸는 자리이지만 아무나 함부로 올라갈 수 없는 자리이기도 하다. 조선시대의 관료는 양반이라는 신분과 연계되어 있었다. 당시 관직은 문무 양반과 중앙·지방 관직을 모두 합해도 5,000여 자리에 불과했다. 더욱이 중요한 문반 관직은 수백 자리에 지나지 않았기 때문에 과거시험의 경쟁률이 높았고, 관리가 된 뒤에도 좋은 자리를 둘러싸고 경쟁이 치열했다.

이 시기의 관청에서는 관료만 일을 했던 것은 아니다. 행정을 담당하고 있지만 관료 취급을 받지 못하는 이들이 있었다. 이른바 중인층이었다. 중인층 자리에는 경아전(녹사, 서리, 조예, 나장 등), 이서, 통역관, 기술관 등이 있었다. 녹사와 서리는 전장(典章)과 문서를 담당하고, 지방의 '이서' 또한 행정을 담당했다. 그 밖에 통역관, 기술관도 지금으로 보면 당당한 관료에 속하지만 당시에는 신분의 차별을 받고 있었다.

정약용은 당시 관료 임용을 둘러싼 문제를 이렇게 한탄하였다.

인재는 원래 얻기 어려운 것이니 일국의 정영(精英)을 죄다 뽑아도 부족할 텐데 하물며 10의 8, 9를 버림이랴! 일국의 생령을 죄다 배양하더라도 오히려 흥성치 못할 것인데 하물며 10의 8, 9를 버림이랴! 서민을 버리고 중인(우리나라에 의, 역, 율, 역, 서, 화, 산수의 전문가가 중인이다 — 원주)을 버리고 관서와 관북을 버리고 관동과 호남의 절반을 버리고 북인과 남인은 버리지 않으나 버려진 것과 다름없고 버림을 받지 않은 것은 오직 문벌이 좋은 수십 가뿐이니 그중에도 사변으로 인하여 버림받은 자가 또한 많다(정약용, 「통색의」, 『여유당전서』).

개항 이후 근대사회로 들어선 한말 시기부터 관료 구성이 바뀌었다. 물론 한말에도 종래 문벌가문이 중요한 권력을 장악하는 모습이 보인다. 민씨 정권에서 민씨 척족들은 겨우 20, 30대의 나이로 중요한 관직을 차지하였다. 1884년 갑신정변을 일으키고 3일천하를 누린 개화파 인사들도 마찬가지였다. 김옥균, 박영교는 그나마 30대였지만 박영효, 서광범, 홍영식은 20대에 지나지 않았다. 그 뒤로도 최상층 관료 가운데는 중요 가문 출신이 많았다.

그러나 신분사회가 해체되어 갔고, 제국주

그림 7-1 • 갑신정변의 주역 김옥균(1851~1894). 갑신정변 당시 그는 만 33세의 젊은 나이였다.

의 열강과 통상조약을 맺고 여러 근대화 정책을 수행하게 되면서 새로운 관료층의 충원이 절대적으로 필요했다.

따라서 근대화가 진행됨에 따라 전통적인 방법과는 별도로 관리를 충원했다. 1882년 7월 22일 고종은 종래 양반문벌의 폐단을 비판하면서 "무릇 서북과 송도, 서얼, 의역(醫譯, 의관과 역관), 서리, 군오(軍伍, 군졸)를 일체 현직(顯職)에 등용할 것"을 선언했다. 지역차별을 넘어설 뿐 아니라 종래 중인 신분층도 관료로 등용하겠다는 것이다. 이제 정약용의 한탄을 극복하는 것일까?

1894년 갑오개혁은 조선왕조를 근대사회·근대국가로 전환시키려는 시도였으므로 그 가운데 관료제도의 변화도 들어 있었다. 그해 6월, 군국기무처에서 "사색당론을 타파하고 문지(門地)를 불문하고 인재를 등용"하며, "문벌 반상 등급을 혁파하고 귀천에 관계없이 인재를 선용(選用)하는 일 및 문무의 차별을 폐지"할 것을 표방하였다. 그리고 이것을 제도적으로 보장하는 선거조례 등을 만들어 시행함으로써 관료제도의 개혁에 착수했다. 7월에는 조선시대 관직 선발의 근간이 되었던 과거제와 음서제를 폐지하고 선거조례, 전고국조례(銓考局條例),

그림 7-2 • 갑오개혁기의 군국기무처. 갑오개혁을 통해 관료 충원제도가 크게 바뀌었다.

문관수임식 등을 제정하여 새로운 관리임용제도를 확립하였다. 이는 신분질서에 근거한 선발에서 인물과 능력 본위 선발로 제도를 전환한 것이었다. 곧 누구든 신분이 아니라 재능에 따라 선발될 수 있도록 관직을 개방한 것이다. 또 전고국에서 시행하는 임용시험 과목에서는 국문, 한문, 산술, 내국정략, 외국사정 등 신학문과 현실적인 교양과 정보가 중시되었다.

그 뒤 관리임용제도는 여러 번에 걸쳐 법규의 신설·개정을 거치면서 개인의 능력과 학력을 중시하는 방향으로 자격요건이 세분화되고 전문화되었다. 특히 관료를 임용할 때 일정 수준 이상의 학교 졸업을 기본자격으로 요구하거나 법학·경제학·행정법 등 근대적 학문의 습득을 요구하였다.

갑오개혁 이후 구체적인 충원과정을 살펴보면 문무과와 음서 등 이른바 봉건적 형태에 따른 충원은 크게 감소했다. 과거 출신으로 무과 합격자가 많이 충원된 것도 '문무존비의 차별을 폐지'한다는 원칙에 따른 것이었다.

반면 외국어학교 등 근대식 학교 출신이나 외국 유학생 등의 선발이 급격히 늘어났다. 한말의 교육제도는 관료 양성을 주요 목표로 했으므로 이를 통한 관료 충원 비중이 높을 수밖에 없었다. 무관학교, 외국어학교 순으로 관료 충원 비율이 높았으며, 그다음은 유학생이었다. 당시 유학생은 거의 대부분 일본 유학생이었다. 유학생 비율이 높은 것은 새로운 지식을 습득했기 때문이기도 하지만 외국과의 관계를 고려했기 때문이다.

유학생은 대개 신분 배경이 높았다. 1904년 학부대신이 각 부 대신에게 "칙임관 이상 관료의 친자손서제질본종(親子孫壻弟姪本宗) 4촌 이내에서

16~25세 된 자를 일본에 파견 유학시키도록 추천하라"라고 하여 주로 고위관료의 친족에게 유학의 기회를 준 탓이다. 일본 유학을 다녀온 유성준(유길준의 동생)은 1894년 농상공부 회계국장 등을 지냈으며, 미국과 일본을 다녀온 윤치호(1866~1945)는 1880년대에 주한 미국공사 통역관 겸 통리교섭통상사무아문 주사로 근무했다.

지역차별 해소 선언 이후 실제로 관료의 출신 지역을 살펴보면 평안도 출신이 두드러지게 늘어났다. 그리고 중인 신분층이 종래의 봉건적 신분질서에 구애받지 않고 여러 근대화 추진기구에서 실무 관료층으로 성장하고 있었다. 만민공동회를 이끈 중인 출신 고영근은 1898년 중추원 1등 의관으로 임명되었다. 조한우는 서자 출신이었지만 1898년 중추원 의관이 되었다. 이용익처럼 양인 출신으로 보부상 행상을 하다가 큰 부자가 되고, 나중에는 1897년 내장원경(內藏院卿), 탁지부 대신 등 고위관료로 출세한 경우도 있다. 이하영도 찹쌀떡 행상을 하다가 알렌(H. W. Allen)과 민영익의 도움을 받아 관직에 올라 외부대신까지 승진하였다.

이렇듯 이제 관료는 신분을 초월하여 시험제도뿐 아니라 근대적 교육 등 다양한 방법을 통해 충원되었다. 그러나 중앙정부의 핵심 관직은 여전히 일부 문벌가문, 특히 대한제국 시기에는 황제의 측근인 근황세력이 차지했다. 또 비양반 출신으로 실무 능력에 따라 등용된 인물은 대개 황제에 대한 충성을 통해 출세하려는 자들이었기에 아직 근대국가의 전문관료로 보기에는 미흡했다.

2. 식민지 시기의 조선인 관료

총독부에 몸담은 조선인 관료

일제의 강점으로 조선에는 총독부가 설치되었다. 그리고 관료를 식민지배를 공고히 하는 데 가장 중심적인 역할을 하도록 했다. 일제는 강점이전부터 이미 친일관료층을 형성하기 시작했으며, 1907년 한일신협약을 강제로 체결한 뒤에는 조선의 관료인사권을 빼앗아 갔다. 대한제국 고등관료의 임면은 일제 통감의 동의에 따라 행해졌다. 통감이 추천하는 일본인을 대한제국 관료로 임명하도록 하였으며, 통감의 동의 아래 외국인을 용빙(傭聘)하도록 했다. 통감이 임명한 일본인 차관이 조선내정을 통치하는 이른바 차관정치를 실시한 것이다. 일제는 통감부 설치이후 식민지배 기반을 다지기 위해 관료의 친일화를 급속하게 진전시켰다. 한일신협약 이후 70여 명의 지방 군수를 일제히 경질하였고, 새로 임명된 군수는 모두 일진회 계통의 친일파였다.

일제는 조선을 강점한 이후 종전의 통감부 기구를 계승하고 대한제

그림 7-3 · 조선총독부 직원록

국 정부 소속 관청도 적당히 축소해서 흡수하였다. 총독부 산하 관리의 숫자는 어느 정도였을까?

1910년 조선총독부 직원 수는 중앙기관에 538명, 지방기관에 6,838명, 치안기관에 7,868명, 사법기관에 873명, 경제기관에 2,285명, 자문기관에 94명 등 모두 1만 8,496명이었다. 이는 일본인 관리와 대한제국 출신 관리를 모두 포함한 수치이다. 이 가운데 조선인 관료는 중앙기관에 38명, 지방기관에 5,907명, 치안기관에 4,467명, 사법기관에 341명, 경제기관에 360명, 자문기관에 73명 등 모두 1만 1,186명에 이르렀다. 이는 조선총독부 전체 관리의 60퍼센트에 이르는 숫자이지만, 아직 일본인을 채용할 형편이 못된 지방기관의 조선인 관리 비율(86퍼센트)이 압도적으로 높은 탓일 뿐, 권력의 핵심인 중앙기관의 조선인 채용 비율은 7퍼센트에 불과했다. 그 뒤로 일본인 관료 자원이 확충됨에 따라 지방기관의 조선인 채용 비율은 점차 줄어들었다.

일제는 대한제국 출신 관리를 주로 채용하면서, 그 가운데 친일 성향이 강하고 일어는 물론 실무 지식을 갖춘 사람을 가려 뽑았다. 이들은 대한제국 전체 관리의 3분의 1에 이르렀다. 총독부가 조선인 관리를 임명한 것은 식민통치에 활용하려는 방편이자 대한제국 관리들에 대한 회유책으로 보인다. 한일합병 조약문에서도 "조선인으로 상당한 자격이 있는 자를 사정이 허하는 범위에서 제국의 관리로 등용한다"라고 천명하였다. 이는 순전히 식민지배의 효율성을 높이려고 식민지의 관료 자원을 적절하게 활용하는 방편이었으므로 조선인 관료의 임용 비율에 별다른 의미가 있는 것은 아니었다.

이들은 주로 어디에서 근무하였을까? 당시 중앙행정기관의 관리 등급은 칙임관(勅任官), 주임관(奏任官), 판임관(判任官)으로 나뉘었다. 조선시대의 관리 등급은 정종 1~9등급으로 모두 18개 등급에서 1~2등급만 정종으로 나누고, 나머지는 단일 등급으로 모두 13개 등급이었다. 칙임 관은 최고직계로서 정1에서 종2까지 4등급이며 주임관은 3~6등급, 그리고 판임관은 7~9등급이었다. 중앙행정기관에 임용된 조선인 38명 가운데 35명은 말단 관리인 판임관이었다. 총독부에는 조선인 임용을 제한하는 것이 불문율이었다.

지방행정기관에서는 도의 경우 13도의 도장관 가운데 6명이 조선인이었다. 이는 특별히 친일성을 인정받은 경우로 예외일 뿐이고, 치안 등 중요한 관직은 주로 일본인을 임용하였다. 그 밑의 부(府)와 군은 조선인 관리가 각각 45퍼센트, 74퍼센트였다. 면의 경우 100퍼센트 조선인 관리를 임명했으며 전직 관료나 면 내의 유력인사를 면장에 임명하여 면의 위상과 기능을 확대·강화시켜 나갔다. 1905년 통감부 시절부터 지방제도 개편을 통해 종전에 지방관이 가지고 있던 국세 징수, 지방재정 편성, 경찰·형벌 등 권한을 빼앗아 축소시켰고, 면장의 임무는 강화되었다. 면은 이전에는 군의 보조기구였지만 이제 조선 민중을 통치하는 말단 행정기구로 확립되었다.

그 밖에도 탄압기관 가운데 조선 민중과 직접 접촉하는 말단 관리인 순사보나 헌병보조원은 모두 조선인을 썼으며, 토지수탈을 위해 설치된 임시토지조사국에도 서기니 기수는 조선인을 대거 채용하였다. 일반민과 직접 접촉하는 경우에는 조선인을 통한 간접지배 형태를 취했다고 볼 수 있다.

한말에는 말단 관리를 지낸 조선인이 총독부 산하 기관에서 근무하다가 어느 정도 능력을 인정받으면 군수로 선임되기도 했다. 그 가운데 극소수가 참여관(도장관을 보조하는 자리), 도장관으로 승진했으며, 여기서 경륜을 쌓게 되면 중추원 참의, 찬의 등 최종 영예직에 추대되었다. 이러한 과정에서 친일 공적이 매우 중요하게 작용했다.

정교원(1887~?)은 말단 관리 출신으로 군수, 도참여관을 지내고 황해지사, 충남지사, 충북지사 등 도지사 자리를 여러 군데 거쳤다. 이렇듯 한말 통감부 시절부터 일제의 침탈정책에 부응하여 밀정, 헌병경찰 보조원, 통역관으로 봉사했던 인물이 출세하곤 했다. 이는 일제의 교묘한 회유정책에 따른 부산물이었다.

조선총독부는 중앙관서를 비롯하여 핵심 요직에는 일본인 관리를, 지방관서 등 조선 민중을 직접 대면하는 말단 기구에는 조선인 관리를 채용하였다. 이를 통해 총독부는 관료 충원 문제를 해결하는 한편 식민지배에 협조적인 친일관료를 양성하고, 조선인에게도 식민통치에 협조만 잘하면 얼마든지 출세할 수 있다는 환상을 심어 주려고 했다.

조선총독부와 같은 식민통치기구에 직속된 관료는 아니었지만, 식민지 '지방의회'인 도평의회(道評議會)·도회(道會)에는 조선인 의원이 있었다. 1919년 3·1운동으로 놀란 일제는 조선인의 독립 열망을 억누르고 회유하는 '문화정치'의 산물로 1920년 지방제도를 개정하였다. 일제는 1920년 이후 도평의회·도회를 설치하여 각 지방에서 협력자를 양성하고 지방행정을 원활히 하면서 식민통치를 안정시키려고 하였다.

1920년대 이후 식민지 조선의 지방행정기관인 도·부·읍·면에 '지방자치' 명목으로 도평의회·도회, 부협의회·부회, 읍회, 면협의회가 설치되었다. 1920년 설치된 도평의회, 부협의회, 면협의회는 지방행정기관이고, 1930년대 이후 도회, 부회, 읍회는 지방행정의결기관이다. 이는 국정이 아닌 지방행정의 자문, 의결기관이었다. 일제는 패망할 때까지 조선인의 국정참여권과 자치를 허용하지 않았으며, 참정권과 자치 문제를 민족운동을 분열시키는 수단으로 이용하였다.

도평의회는 1920년 지방제도 개정으로 창설되었고, 도회는 1931년 제령(制令) 발표와 1933년 도제(道制) 시행으로 설치되었다. 1920년 설치된 도평의회와 1933년 이후의 도회는 지방행정 최상급기관인 도에 설치되었다. 도평의회·도회 의원 정원의 3분의 1은 도지사가 임명했다. 민선의원도 간접선거로 뽑아 자치기관으로서 위상이 제한적이었다. 도평의회는 '도지방비(道地方費)의 사무에 관한 도지사의 자문'에 응하는 자문기관으로서 의결권이 없었다. 1930~1933년 지방제도 개정으로 도제가 시행되어 도평의회는 의결기관인 도회로 개편되었다.

일제는 1930년대 초의 지방제도 개정이 '지방자치' 실현이라고 선전했으나 조선인들은 실질적 '자치'가 이루어지지 않았다고 비판하였다. 도회는 세입세출 예산, 결산보고 등에 의결권이 있었지만 의결사항의 실질적 집행에 있어 아무 권한도 갖지 못했다.

도평의회·도회는 군 지역에서 대부분 조선인이 당선되어 부협의회·부회보다 조선인 비중이 높았다. 1920년대를 거치며 제도가 안정되면서 조선인 유력자 가운데 지방의원 진출에 관심을 가진 사람이 늘었고, 1930년대 이후 도회의원 선거에서 조선인들의 경쟁도 나타났다.

1920년부터 1945년까지 도평의회·도회 의원으로 선출된 것이 확인되는 조선인은 1,395명이다. 이 가운데 도평의원을 역임했던 사람이 673명, 도회의원을 역임했던 사람이 563명, 도평과 도의를 모두 역임했던 사람이 142명이다. 도평의회·도회 의원 대부분은 조선인 평균 학력보다 교육수준과 사회적 위치가 높아 조선사회의 엘리트층을 이루었다. 이들은 근대교육, 상업활동, 식민지 관료제 참여를 통해 성장하였다.

조선인 도평의회·도회 의원은 공적 활동에 참여하고 경제·산업활동을 하면서 일제 식민지 지배에 협력하고, 저항하기도 하는 양면적 모습을 보였다. 1930년대 후반 전시체제기의 도회는 일제의 침략전쟁에 협력하는 도구로 전락했다. 일제 말 도평의회·도회 의원은 전시체제에 협력하는 각종 단체의 간부로 활약하거나 사상범을 감시하는 역할을 하였다. 현직 도회의원 대부분이 관제조직에 참여하거나 지원병·징병·창씨개명·공출을 독려하는 강연에 나섰다.

해방 후 도평의회·도회 의원 출신자 일부는 정치활동을 계속했고, 또 다수는 경제계에서 활약하였다.

조선인 관료의 위상과 역할

본래 조선시대에는 관리로 임명되려면 과거에 합격해야 했다. 1894년에 과거제가 폐지되고 천거제로 바뀌었다. 그렇지만 양반문벌 출신의 자제를 중심으로 천거가 이루어졌다. 일제 통감부가 설치된 1905년부터 관리 임명은 다시 시험제도로 바뀌었다. 이제 시험과목이 정치, 경제, 법률 등 근대 학문과 관련되어 일본 유학을 다녀오거나 개화 학문을 익힌 자가 절대적으로 유리했다. 따라서 친일 성향이 강한 이들이 통감부와 총독부의 조선인 관리 자리를 차지했다.

그럼에도 불구하고 조선인 관료는 일본인 관료의 수족에 해당하기 때문에 특수한 경우를 제외하고는 여러 측면에서 일본인 관료에 비해 차별대우를 받았다. 친일파이면서도 일본의 정책을 비판하던 윤치호는 "(조선인은) 시간이 갈수록 모든 공직에서, 심지어는 면장 자리에서조차 쫓겨난다. 그리고 월급 면에서도 차별대우를 받는다"(1920년 7월 20일 일기)라고 하였다. 한 신문의 사설에서도 그런 정황을 찾아볼 수 있다.

조선인 군수는 일본인 서무과장에게 머리를 올릴 수 없고, 만약 올렸다가는 그것이 마지막이다. 그러므로 울화통을 억누르고 참고 있다. 조선인은 지사까지가 등용문의 최대한도이다. 그것도 석조전(덕수궁)에 백 번이나 왕복하든가, 아니면 하료(下僚, 일본인 하급관료)가 시키는 대로 하지 않으면 안 된다. 울화통을 억누르고 관리가 되었다 해도 크게 성공할 수 없고, 그렇다고 해서 민간에 내려와도 반대자로 취급당하므로 공중에 뜬 자가 되고 만다(『조선일보』, 1927년 6월 7일 자).

실제로 조선인 군수는 일본인 부하 관리 앞에서 꼼짝을 못했다. 일본인 내무주임은 군수와 책상을 나란히 하고 집무를 보았다. 내무주임이 군수 앞에 결재서류를 집어던지면서 도장을 찍으라고 소리쳤다고도 한다.

급료는 같은 관등이라도 일본인보다 훨씬 낮았다. 전체적으로 일본인의 4분의 1밖에 되지 않았다. 일본인 관리에게는 사택 유지비를 비롯하여 가족수당을 주었으며, 출장을 나갈 경우에도 거마비와 숙박비 등에서 차등을 두었다. 3·1운동 이후 일본인과 조선인 관료의 본봉에서 차이가 사라졌다고 하지만 앞서 말한 사택 유지비, 거마비 등은 어림도 없었다. 그 밖에 승진에서도 차별대우를 받았음은 물론이다.

때로는 조선인이 총독부 요직에 임명되기도 했지만, 이것은 식민통치를 위한 특별한 경우였다. 1924년 12월 처음으로 총독부 학무국장, 경기도 내무부장, 재무부장 등 요직에 조선인이 임명되자 윤치호는 "조선인에게 이 새로운 영광이란, 관직에 굶주린 조선인들에게 던져 준 빵에 다름아니다. 이번 일은 일본인들의 몰수 및 착취 정책 덕분에 기아라는 절박한 현실에 처해 있는 대다수 농민들에겐 일고의 가치도 없는 일이

그림 7-4 · 윤치호

다"(1924년 12월 18일)라고 비판하였다. 이때 조선인 최초로 국장(지금의 장관)에 임명된 이진호(1867~1946)는 1895년 춘생문(春生門) 사건 계획을 밀고하여 일제의 신임을 얻기 시작했으며, 관료가 된 자들 가운데 식민지 시기에 가장 출세한 인물로 손꼽힌다. 두 번째 조선인 국장은, 이진호의 임명 뒤 정확하게 20년이 흐른 1944년 8월 학무국장에 오른 엄창섭(1890~?)이었다.

윤치호에 따르면 1934년 주임관(奏任官) 중 조선인의 비율은 겨우 5퍼센트, 판임관은 41퍼센트이고, 총독 관방의 조선인은 9퍼센트에 그쳤다. 식민지 조선의 모든 관공서에서 일하고 있는 조선인은 약 35퍼센트였고, 그들이 받는 봉급은 전체 관료 봉급의 21퍼센트에 불과했다(1934년 3월 13일). 1934년, 고위직으로 승진한 교사 200명 가운데 조선인은 겨우 26명에 지나지 않았다(1934년 10월 4일). 민족차별의 심각성을 잘 보여 주는 대목이다.

그 때문인지 뇌물 수수가 모든 관리에 해당할 정도로 심각했다. 지방관 자리에 대한 매관매직도 여전하여 관찰사, 군수 등에는 자리별로 가격이 매겨져 있었다고 한다.

3. 관리가 되기 위한 통로, 자격시험

중견관료의 꿈, 보통문관시험

총독부 관리가 되려면 필요에 따라 특별임용되기도 했지만 원칙적으로는 자격시험에 합격해야 했다. 앞에서 보았듯이 관리에는 칙임관, 주임관, 판임관 등 여러 등급이 있었다. 그 가운데 판임관은 중견으로서 각 관청의 실무를 집행하고 처리하는 일을 담당했다. 판임관이 되어야 비로소 조선총독부 관리로 인정받았다. 중급관리인 판임관 임용자격은 중학교 졸업 이상이었다. 보통문관시험은 학력에 관계없이 판임관으로 임용될 수 있는 자격시험이었다. 처음에는 주로 일본인이 보통문관시험을 보았으나 조선인 응시자 수가 차츰 늘어났다. 1930년대 중반 이후에는 조선인의 수가 일본인과 대등하거나 더 많은 수가 응시한 것으로 추정된다. 관리에 대한 저항감이 무뎌지면서 총독부 관리는 괜찮은 직업으로 여겨졌을 것이다.

보통문관시험은 하급관리가 승진하는 데 필요했다. 순사와 간수, 면서기와 관청의 용인이 승진하려면 판임관 자격을 주는 보통문관시험을 반드시 거쳐야 했다. 둘째로는 관리가 되어 안정된 직장을 얻으려고 시험을 보았다. 나아가 본격적으로 전문시험이나 고등문관시험 등 다른 시험을 치르기 위한 통과절차로 보통시험을 보기도 했다. 응시자들은 대개 관리가 되는 것에 거부감을 느끼지 않았다.

이처럼 시험에 대한 의지가 강해지면서 수험생을 겨냥한 수험서가 난립하였다. 수험서는 단행본과 잡지 형태로 나왔다. 그 속에는 수험기(합

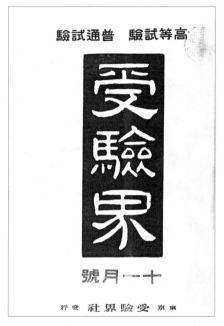

普通試驗　高等試驗

受驗界

十一月號

東亜受驗界社　發行

그림 7-5 • 시험용 잡지 『수험계』. 보통문관시험이 치열
해지면서 수험서가 난립했는데 『수험계』도
그중 하나였다.

격기), 수험안내서, 문제집, 강의록 등
이 들어 있었다. 『법제』, 『수험계』 등
이 대표적인 것으로, 수험생들은 이
속에 수록된 합격기를 읽으면서 '한
줄기 서광을 느끼'곤 했다.

　이와 같은 시험에서는 업무 수행
능력을 테스트하였다. 따라서 산술
을 비롯하여 행정법, 형법, 민법, 민
사소송법, 형사소송법, 경제학 등의
과목을 공부해야 했다. 조선인 수험
생에게는 반드시 일본어로 능통하게
읽고 쓸 줄 아는 능력을 요구했다.
1933년부터 시행된 국어(일본어)시험
은 말할 것도 없고, 영어작문을 제외
한 모든 과목의 답안지는 일본어로
제출하도록 하였다. 일본어로 생각하고 표현할 줄 아는 관리를 요구한
것이다.

　이런 시험은 무엇보다도 식민지 관리로서의 인식과 자세를 요구했다.
역사와 지리 과목에서는 일본 중심으로 일본식의 사고를 시험하였다.
1933년 역사 과목의 1번 문제는 "우리 국체의 만방무비(萬邦無比)한 까닭
을 서술하라"였으니, 그 요구에 맞추어 천황제를 찬양하는 답을 쓸 수밖
에 없었다. 1933년 지리 과목의 "조선의 광업에 대해 아는 대로 쓰시오"
라는 문제의 모범답안은, 조선 광업의 일반적 현상 외에 "병합 이전에
매우 유치했던 조선의 광업이 병합 이후에 많은 자본을 투하하여 새로

운 설비를 설치한 까닭으로 지금은 융성해졌다"라는 것이었다.

중일전쟁 이후 갈수록 시험문제 자체에서 황민화 정책이나 전시체제의 색깔이 짙어졌다. 1943년 구술시험에는 "대동아전쟁이 발발해 특히 군(君)의 마음에 충동을 주었던 점을 다섯 가지 이야기하라", "최근 추축국(樞軸國) 간에 벌어지는 일은 무엇이며, 이탈리아의 항복에 대한 군의 입장은 무엇인가" 등이 들어 있었다. 일제의 침략전쟁 수행에 대한 찬양과 자신의 각오를 밝혀야 했던 것이다.

상층 관료의 길, 고등문관시험

일제시대 관료는 천황의 관료로서 식민지 조선의 동포 위에 군림하였다. 일제는 1930년대 후반 이후 제국주의적 팽창정책을 수행하는 과정에서 급격하게 증가하는 국가활동을 감당하려고 내선일체의 실질적인 실현과 전쟁의 원활한 수행을 위해 관료조직 내에 조선인 관료를 대거 충원하였다. 일제 식민통치 초기 관료의 대부분이 일본인이었던 것과는 대조적으로 후기에는 관료조직 내에서 조선인이 차지하는 비중이 급격하게 늘어났다. 그 가운데 상층 관료도 더러 있었다. 상층 관료란 대체로 주임관 이상으로 볼 수 있다. 특히 고등문관시험 응시자는 상층으로 진출을 도모하게 되었다. 고등문관시험은 행정과, 외교과, 사법과 등 3과로 구분되었다. 응시자는 일본의 관리가 되는 것을 영예롭게 생각했다.

조선인 관료가 증가하는 경향을 보인 관료기구는 전시 동원과 감독을 더욱 강화하는 도구로서 일본이 가혹한 제국주의 정책을 펼치는 손발이 되었으며, 능동적으로 이러한 역할을 수행하였다.

고등문관시험은 1년에 한 차례 도쿄에서 치렀다. 이는 1893년부터 시행되었으며 몇 차례 수정을 거쳐 1943년 침략전쟁이 격화됨에 따라 정지되었다. 일본인 위주로 일본인 관리를 채용하는 시험이었는데, 조선인은 1923년 메이지 대학 출신의 이창근(1900~?)이 최초로 합격하였다. 특히 1931년부터 1943년까지 매년 조선인 합격자를 배출하여 상층 조선인 관료가 연이어 탄생하였다. 이들은 일반 조선인 관리보다 상위 직급으로 승진하여 일제의 침략과 수탈 정책에 더욱 밀접하게 관여했다. 고등문관시험은 합격에 따라 자동으로 관리에 임용되는 시험이 아니라 일종의 자격시험이었

그림 7-6 · 고등문관시험 합격기(『수험계』, 1929년 11월호). 김영환은 1925년 경성법학전문학교를 졸업하고 은행에 근무하다가 1929년 고등문관시험 사법과에 합격했다.

다. 합격자가 고등문관인 주임관으로 임용되려면 일제 당국의 엄격한 심사와 선발과정을 거쳐야 했으므로 확실한 친일 성향을 가진 자라야 임용될 수 있었다. 시험 시행요강 제1조에 "사상의 내용 및 표시 방법에 따라 고사를 함"이라고 명시할 정도로 수험자의 사상을 중시했다. 고등문관시험 합격자는 초고속으로 출세 가도를 달렸다.

경성제국대학 출신의 한동석(1909~1956)은 1934년 고등문관시험 행정과에 합격하여 함경남도 경무과장과 보안과장, 총독부 기획부 사무관,

전주 전매국장, 황해도 참여관 겸 농상부장 등 총독부 고위관리로 출세했다. 그는 국경지대에서 사상범을 색출하는 일, 침략전쟁기 쌀 배급과 공출 등 수탈 정책의 앞잡이 노릇을 했다. 공주사범학교 출신의 한희석(1909~1983)은 1937년 고등문관시험 행정과에 합격하여 처음 임용된 곳이 총독부 내무국 지방과였다. 그 뒤 창녕군수, 동래군수 등을 거쳐 평남 지방과장으로 전시행정을 독려하다가 해방을 맞았다. 만석꾼의 아들로 동경제대 법문학부에 다녔던 이호(1914~1997)는 일본 고등문관시험 사법과에 합격하였다. 그는 동경제국대학을 졸업한 뒤 경성지방법원 검사국 검사, 경성고등검찰청 검사를 지냈다. 1979년 10·26사건 이후 과도정부의 국무총리로 전두환 정권의 성립을 도운 신현확도 일본 고등문관시험 행정과에 합격하여 일본 상무성에서 근무했다.

일제하 고위관료들은 대부분 친일 반민족의 길을 걸었다. 당시 젊은 이들에게 꺼림칙한 인생 항로였다. 때로는 소극적으로 개인적 욕망에 따른 길이었다고 하더라도 일본 제국주의의 구조에서 일정한 역할을 담당하게 마련이었다. 이런 까닭에 경성제국대학 학생들 사이에도 '고등문관시험을 치르려는 학생은 지사파로부터 날카로운 눈총을 의식해야 하는 고충이 따랐다'고 한다.

그러나 시험은 점차 치열해졌고 수험자도 늘어났다. 고등문관시험에 합격하면 문중의 자랑이요 고향의 자랑, 때로는 '조선청년의 자랑'이라고 일컬어졌다. 각지에서 시험 통과를 축하하는 환영회가 열릴 정도였다.

4. 해방 후: 친일과 친미 중심의 관료들

미군정기

일제 관료기구는 폭압과 수탈의 도구 역할을 했고, 해방 이후 미군정 치하에서도 유용한 도구로 활용되었다. 미군정은 일제 관료기구를 신속히 복원시키고, 그에 의지하여 군정을 실시하였다. 일제 관료로 복무한 이들의 인적 연속성이 미군정 아래서도 유지되었다.

군정청에 등용된 행정관료들은 한민당계의 보수적 인물, 영어 구사력이 있고 미국 유학 경험이 있는 자, 식민지 시기에 친일관료 경력을 가진 자가 주를 이루었다.

미국 유학 출신도 적지 않았다. 특히 한민당계의 인물들은 친미 성향이 강하고 대개 구미 유학을 다녀온 자들이었다. 관료의 대다수는 친일관료일 수밖에 없었다. 식민지 시기 친일관료는 일제강점하에서는 대부분 하급관직에 머물렀으나 일본인

그림 7-7 · 미군정청. 조선총독부 건물을 미군정청이 사용한 것처럼 식민지 시기 관료들도 그대로 기용하였다.

관료가 물러나고 군정 행정기구가 비대해지면서 중간급 관리직으로 급상승했다. 1946년 1월 말에 이르면 총독부의 일본인 관리들은 60여 명만 남고 과거 일본인 관리들이 차지했던 관직은 미군정 요원이나 조선인 친일관료가 차지했다. 북한에서 1945년 친일파 처단이 이루어짐에 따라 월남한 친일관료까지 포함하여 미군정이 충원할 수 있는 친일관료 자원은 두 배로 늘어났다.

해방 후에도 고등문관시험 출신 관료의 출세는 빨랐다. 1935년 고등문관시험에 합격한 뒤 식민지 사법부에 근무했던 장경근(1911~1978)은 해방 후 미군정 치하에서 경성지방법원장에 임명되어 사법부 요직을 차지했으며, 이승만 정권 때 내무부 차관보를 거쳐 차관으로 발탁되었다. 정운갑(1913~1985)도 고등문관시험(1943) 출신으로 1945년 경기도 지방과장, 1946년 경기도 인사처장 등을 거쳐 이승만 정권 때는 총무처 경리과장, 총무처장, 내무부 차관, 농림부 장관을 지냈다.

만주국 정부 관리 양성기관인 만주대동학원을 나온 최규하(1919~2006)는 해방 이후 군정청 관리로 직업 관료의 길을 걸었다. 국회부의장을 지낸 김동원(1884~1951)은 일제 때 서북 지역의 거물이었다. 그는 자본가, 기독교 장로로서 황도학회, 조선임전보국단 등을 통해 친일행위를 벌였다가 해방 후에는 미군정의 행정고문이 되었다.

이들 일제 친일관료 출신 인사들은 자신의 친일행적을 은폐하기 위해 반공 이데올로기를 앞세워 스스로 애국자로 변신하였다. 군정경찰의 경우가 대표적이었다. 미군정이 조선의 혁명적 조류에 맞서 정책을 집행할 수 있는 길은 물리적 강제력이었다. 직접적인 군사력은 조선인의 민족적인 감정을 자극할 수 있기 때문에 미군정은 경찰체제의 재편에 힘을 기울였다. 군정경찰은 총독부 식민경찰 체계를 토대로 성장하면서 조선건국준비위원회(건준)·조선인민공화국(인공) 중심의 자치적인 치안조직과 인민위원회 등 대중조직을 파괴하였고, 양곡 수집을 비롯하여 집회, 언론, 출판, 파업 등 여러 부문에 걸쳐 강제력을 행사했다.

해방 뒤 군정경찰은 수적으로도 크게 늘어났다. 해방 직후 남북한 합하여 1만여 명이던 조선인 경찰은 그해 11월 중순 남한 지역에만 1만 5,000여 명으로 늘어났고, 1946년 말에는 2만 5,000명, 1948년 정부 수립 직전에는 4만 5,000명으로 늘어났다.

이와 같은 강력한 물리력을 갖춘 경찰기구의 수장으로 한민당의 추천을 받은 반공 인물인 조병옥(1894~1960)이 경무국장, 장택상(1893~1969)이 수도경찰청장으로 임명되었다. 그리고 이들이 추진한 경찰간부 구성은 거의 친일경찰과 총독부 관료 출신으로 채워졌다. 군정경찰 책임자 매글린(William H. Maglin)의 보고서에 따라 1946년 현재 군정경찰에 재직 중인 총독부 출신 친일경찰 분포를 살펴보면 치안감을 비롯하여 청장 8명 중 5명, 국장 10명 중 8명, 총경 30명 중 25명, 경감 139명 중 104명, 경위 969명 중 806명 등 경위급 이상 간부 1,157명 가운데 82퍼센트인 949명이며, 나머지 18퍼센트도 대부분 일제강점기에 친일 경력을 가진 인사들이다.

해방 후 미군정 기간에 형성된 대한민국 초기 군대는 미 점령군의 지원군으로서 경찰예비대로 출발했다. 대한민국 군대의 근간은 구일본군이나 구만주군 장교 출신이 장악했다. 미군정은 군정청 안에 1945년 11월 국방사령부와 군무국을 설치하여 2만 5,000명 규모로 군을 창설하였다. 1946년 1월, 남조선경비대가 군대 아닌 경비대의 이름으로 만들어졌고, 1949년 3월까지 육군은 6만 5,000명, 해안경비대는 4,000명으로 늘어났다.

미군정은 군 간부를 양성하기 위해 1945년 군사영어학교를 세우고, 1946년 조선경비대훈련소의 설치로 경비대 간부 양성이 본격화될 때까지 모두 101명의 장교를 배출하였다. 이들은 일본군 출신 87명, 만주군 출신 21명, 광복군 출신 2명으로 이루어졌다.

일본 육사 출신으로 1931년 만주사변, 1937년 중일전쟁에 출정하고, 일본군 육군 대좌까지 올라가서 조선청년에게 일제의 군국주의 정신을 불어넣었던 이응준(1890~1985)은 미군정하에서는 국방사령관 고문, 이승만 정권에서는 초대 육군참모총장을 지냈다.

만주국 봉천군관학교와 일본 육사를 나와 일본인 장교도 들어가기 어려웠던 만주국 육군대학에 근무했던 정일권(1917~1994)은 해방 후 군사영어학교, 조선경비대 참모총장, 조선경비사관학교장을 역임하였으며, 한국전쟁이 발발한 직후에는 육군참모총장에 올랐다. 그 무렵 경남 거창군 신원면의 양민학살사건, 국민방위군 독직사건 등 굵직한 사건들이 터졌다. 이때 정일권은 참모총장직을 사임하고 미국으로 유학을 떠났다. 역시 일본 육사 출신으로 인도차이나와 월남 전선에 참전하였던 이형근(1920~2002)은 해방 후 군사영어학교(군번 1번)를 거쳐 조선경비사관학교 초대 교장이 되었다. 만주군관학교를 나와 만주에서 항일세력 토벌부대에 참전하여 활동했던 백선엽(1920~현재)은 서류상 군사영어학교를 거친 것으로 하고는 국방경비대 창설에 참여했으며, 이승만 정권 때 육군참모총장이 되었다. 그 밖에 채병덕(1915~1950), 원용덕(1908~1968) 등도 비슷한 과정을 밟았다. 일본 육군사관학교 항공과 출신으로 일본군 전투기 비행중대장이었던 김정렬(1917~1992)은 해방 뒤 1949년 초대 공군사관학교장과 공군참모총장을 지냈다.

이승만 정권기

이처럼 미군정 시기의 관료는 문무를 막론하고 친일 행위자가 중심이 되었다. 이승만 정권에 들어서도 친일관료들이 그대로 자리를 이었다.

최상층에서는 미국 유학파도 중요한 역할을 했다. 그러나 아직 대부분은 식민지 시기 관료들이 자리 잡았다. 윤치영(1898~1996)은 식민지시기에 미국 유학을 다녀온 탓으로 미군정 관리들과 친분이 두터워 미군정 시기에 중요한 역할을 했다. 그는 관리로서보다는 이승만의 비서실장, 남조선대한국민대표민주의원 비서국장 등 정치적인 역할을 주로 수행했다. 그러다가 이승만 정권이 들어서자 초대 내무부 장관이 되었다. 그는 식민지 청년으로서 미국 유학을 가서 "그들이(미국인) 부러워할 정도로 당시로서는 최신 모델인 빅크형 스포츠카를 마련하여 누비고 다녔"을 만큼 14년간 화려한 유학 생활을 하였다. 조선으로 돌아와서는 중앙기독교청년회 총무를 맡으면서 '미영 타도 대좌담회'에서 일본 침략을 옹호하는 연설을 했던 인물이 신생 대한민국의 초대 내무부 장관이 된 것이다. 나아가 그는 내무부 요직에 고등문관시험 출신의 인사를 대거 등용했다. 그 자신이 "도지사, 경찰국장도 모두 일제 치하의 경험자로 썼더니 사방에서 난리가 납디다"(『조선일보』, 1975년 8월 17일 자)라고 회고할 정도였다. 그는 또한 내무부 장관 시절에 '반민족 행위자 처벌에 관한 특별조치법'이 제정되어 친일파에 대한 조사가 시작되자 반민특위 활동을 방해하고 나섰다.

앞에서 언급한 한희석도 친일관료로 출세 가도를 달리다가 대한민국 정부가 수립되면서 더욱 관운이 열려 내무부 행정과장, 내무부 지방국장, 상공부 공업국장, 내무부 차관 등의 요직을 거쳤다. 그 뒤 국회의원으로 당선되면서 자유당 서열 3, 4위의 고위직에 올랐다. 그는 3·15부정선거에서 자유당 선거대책위원장으로 지도적 역할을 수행하다가 이승만이 4·19혁명으로 물러난 뒤 체포되어 혁명재판소에서 자유당 간부 중 유일하게 사형을 선고받았다. 그러나 5·16군사정변 이후 감형되었다가 박정희가 대통령으로 취임하기 하루 전인 1963년 12월 16일 석방되었다.

5공화국에서 국무총리를 지낸 진의종(1921~1995)도 1943년 고등문관시험 행정과에 합격해서 일본 북해도청 농무과장을 지냈다. 그는 이승만 정권에서 1948년 상공부 전정과장(電政課長), 1952년에는 최연소 상공부 광무국장이 되었다.

일제강점기 법관 출신 백한성(1899~1971)은 이승만 정권 때 법무부 차관, 대법관을 지내다가 내무부 장관이 되어 1954년 3대 총선 때 부정선거에 앞장섰다. 그리고 이승만의 종신집권을 획책한 제2차 개헌안이 부

그림 7-8 • 사사오입개헌 통과 장면(1954년 11월 29일). 통과 직후 민주당 이철승 의원이 국회부의장 최순주의 멱살을 잡고 있다. 최순주는 친미관료로 분류할 수 있다.

결되자 자유당 의원들이 사사오입이라는 해괴한 논리를 내세워 개헌안을 가결·선포할 당시, 국무총리 서리를 겸한 내무부 장관 백한성은 공보처장의 성명을 통해 가결을 공포하였다. 1955년 그는 다시 대법관이 되었다.

여성으로 조선임전보국단 부인대 지도위원으로 활약했던 임영신(1899~1977)은 이승만 정권 때 상공부 장관이 되었다. 당시 상공부는 일본인들이 남기고 간 적산기업의 불하 문제를 둘러싸고 수많은 이권 다툼이 난무하던 노른자위 부서였다. 이승만은 순전히 충성심이 높다는 이유만으로 경제 문외한인 임영신에게 상공부 장관 자리를 선사한 것이다.

이 시기 친미관료로는 최순주(1902~1956)를 들 수 있다. 미국 유학으로 박사학위를 받은 그는 유학 시절에 해방 이후 핵심 인사들과 쌓은 인맥과 미국통이자 경제전문가라는 명망을 바탕으로 1948년 조선은행 총재가 되었고, 그해 12월 한미경제원조협정을 체결하는 등 대미 의존적 경제구조를 조성하였다.

자유당 후반기에 입당한 신진 두뇌들은 대부분 일제강점기에 관직에 있었던 관료·법조 엘리트로서 해방 후 관직에 재기용되어 관운을 이어 갔다. 장경근, 임철호, 김의준 등은 일제의 판·검사로, 한희석은 군수와 도청 관리로, 이익흥은 경찰로 복무했다. 이들은 정부 수립 후 내무, 국방, 농림 등 주요 공직을 차지하면서 출세를 거듭하다가 자유당의 핵심 당료로 지위를 굳혀 갔다.

이러한 관료들은 당연히 그다음 군사정권에서도 또다시 충성을 다하여 상층 관료로서, 정치꾼으로서 역할을 담당하였다. 바로 이런 모습이 근대와 더불어 새로운 사회를 이끌고 관리해야 할 역할을 맡은 관료층이 보여 준 현실이었다.

　물론 관료들만의 책임은 아니다. 이와 같은 관료 구성과 등용을 시행한 일제와 미군정, 그리고 독재정권의 책임이 크다. 반면 이런 속에서도 묵묵히 제 역할을 한 관료도 적지 않을 것이다. 문제는 이러한 구조 때문에 관직 가운데 가장 영향력 있는 자리는 영악한 기회주의자들의 차지가 되었다는 점이다.

◈ 참고문헌

김영모, 『조선지배층연구』, 일조각, 1986.
동선희, 『식민권력과 조선인 지역 유력자』, 선인, 2011.
민족문제연구소 편, 『일제식민통치기구사전』, 민족문제연구소, 2017.
_____, 『친일인명사전』, 민족문제연구소, 2010.
박은경, 『일제하 조선인 관료 연구』, 학민사, 1999.
반민족문제연구소, 『청산하지 못한 역사 1~3』, 청년사, 1994.
안용식, 『조선관료연구』, 대영문화사, 2001.
_____, 『조선행정사연구』, 대영문화사, 1993, 1994.
장세윤, 「일제하 고문시험 출신자와 해방 후 권력엘리트」, 『역사비평』, 1993년 겨울호.
장신, 「1919~43년 조선총독부의 관리임용과 보통문관시험」, 『역사문제연구』, 제8호, 2002.
장하진·김도형·안진, 「특집: 조선지배집단의 성격을 밝힌다」, 『역사비평』, 1989년 가을호.

8장

자본가

권력과 손잡고 시장을 지배하다

이기훈

1. 식민지의 자본가

부자와 자본가

자본가란 어떤 사람들일까? 우선 자본가란 경제적인 의미에서 정의되는 사람의 부류이다. 그들은 인종이나 민족, 취향, 정치적 경향, 심지어는 인격과도 무관하게 경제적인 역할에 의해 정의된다. 그렇다고 재산이 많다고 해서 무조건 자본가라고 할 수만은 없다. 예를 들어 일제 치하에서 아무리 돈이 많고 그 돈으로 전부 농토를 사서 소작을 주어도 그 사람을 지주라고 하지, 자본가라고는 하지 않는다. 또 19세기 세도가 문과 같은 전근대의 양반이나 귀족 권력가들이 경제활동을 통해 엄청난 부를 축적해도 역시 자본가라고 하지 않는다.

자본가란 투자를 하는 사람, 즉 자본주의적 생산양식 아래에서 '노동자'를 고용하여 이윤을 얻는 사람이다. 여기에서 생산양식이란 생산자와 생산수단 등 생산요소들이 결합하는 방식을 말한다. 그리고 근대의 자본주의 생산양식에서 모든 생산요소는 '상품'으로서 자유롭게 사고팔 수 있다.

우선 자본가는 기계, 토지, 공장, 생산원료 등 생산수단을 산다. 그리고 노동자들은 자본가에게 자신의 노동력을 임금이라는 가격에 판매한다. 따라서 생산현장에서 노동과 그 결과물들은 전적으로 자본가에게 속하게 된다. 자본가들은 상품으로 구매한 생산요소들을 결합시켜 새로운 상품을 만들지만, 그 목적은 궁극적으로 더 많은 이윤을 얻는 것이다. 시장에서 더 많은 이윤을 얻으려면 더 낮은 비용으로 더 많이 생산해야 한다. 그러기 위해 가장 쉬운 방법은 임금을 낮추는 것이다. 그러니 역사 속에서 노동자와 자본가는 끊임없이 대립할 수밖에 없었다.

앞에서는 단순히 자본가가 노동자로부터 그들의 노동력을 상품으로 산다고 했지만, 실제 역사 속에서 이런 '노동자'가 원래부터 있었던 것은 아니다. 이런 경우 노동자는 두 가지 의미에서 자유로워야 한다. 첫째, 봉건적인 신분관계로부터 자유로워야 한다. 아직 봉건영주에게 매여 있는 농노라면 아무리 돈을 많이 준다고 해도 자본가 마음대로 고용할 수 없다. 둘째, 토지나 다른 생산수단으로부터 자유로워야 한다. 예를 들어 소작농들에게 가장 중요한 것은 땅이다. 이들은 자신이 소작하는 땅이 있는 곳에 자기 집과 농기구, 가축까지 소유하고 농사를 짓는다. 그런 만큼 소작농의 농업경영 자체는 매우 독립적이며, 농사는 소작농의 준비와 계획에 의해 실행된다. 그러나 노동자들은 그렇지 않다. 이들은 어떤 생산수단 없이 작업에 투입되며 생산에서 전혀 자율성을 갖지 못한다. 이들은 이미 생산수단으로부터 배제되어 '자유'로워졌기 때문이다. 이런 근대적인 노동자가 형성되는 과정은 지역마다 다르고, 이들을 고용하여 생산하는 자본가들 또한 지역마다 다양한 과정을 거쳐 형성되었

다. 우리나라의 자본가들이 어떻게 기업을 이루고 축적해 왔는지 살펴
보자.

회사의 탄생: 식민지에서 자본의 축적

요즘은 직장을 다 회사라고 한다. 진짜 회사원들은 물론 공기업이나
공사, 심지어 공무원들도 간혹 '우리 회사'라고 하고, 출근하는 것을 '회
사에 간다'라고 한다. 사전적인 정의에서 회사란 합명회사, 합자회사,
유한회사, 주식회사와 같이 "상행위(商行爲) 및 기타 영리를 목적으로 하
는 사단법인(社團法人)", 즉 돈을 벌려고 사람들이 모인 것이다. 혼자 출자
하는 것에는 한계가 있으므로 여러 자본을 모아 기업체를 설립하게 되
니 이것이 회사이다. 어떤 면에서 자본가의 역사란 이런 근대기업, 즉
'회사'의 역사이기도 하다.

우리나라에서는 1880년대까지 근대 공장과 산업기관은 주로 국가에
의해 설립되었고, 1890년대에 들어서도 현직 관료 자본가가 대부분이
었다. 그러나 1905년 이후 지주, 전·현직 관료, 수공업자, 상인 등 다양
한 계층의 사람들이 근대 공업에 투자하여 자본가로 등장하였다. 그러
나 1910년대 전반까지도 공장이라고 하면 가내공업이 압도적이었고,
일부에서 공장제공업(工場制工業)이 시도되는 단계에 머물러 있었다. 식
민지 조선을 식량생산기지이자 안정된 시장으로 확보하고자 했던 일제
가 지주들에게 아주 높은 이익을 보장한 반면 회사 설립을 통제하는 '회
사령'을 시행했기 때문이다. 이 무렵 일제와 결탁한 친일파들은 자본가
로도 성공했다. 대표적인 친일파인 송병준은 사기와 협박을 통해 다른
사람의 재산을 탈취하고 단체 재산을 사유화하여 회사를 설립했다.

1905년 농업주식회사(1913년 조선농업주식회사)를 설립하고 일제의 비호를 받으며 재산을 불린 송병준은 조선농업주식회사를 통해 남대문시장을 운영했고, 고려용업주식회사와 같은 회사도 설립했다. 그러나 제대로 자본을 운영하기보다는 투기를 통해 폭리를 얻는 데 관심이 있었고, 고리대금이나 유흥업도 서슴지 않았으나 1920년대 여러 가지 사업의 실패로 급격히 몰락했다.

1910년대 후반부터 한국인 지주나 상인들의 제조업 진출이 본격화되기 시작했고, 특히 1918년 이후 대공장 설립도 활발해졌다. 1920년대 이후에는 본격적으로 한국인 토착자본이 산업자본으로 전환되기 시작했다. 양말, 정미, 고무 등의 분야에서는 한국인이 우위를 차지하기도 했다. 그러나 여전히 한국인 자본가는 염직, 직물, 정미소, 양조장, 피혁 등 소규모 분야에 머물렀고, 대규모 자본과 기술을 요하는 분야는 일본인이 완전히 장악하고 있었다. 한국인 자본가가 만든 회사라고 해서 노동자들에 대한 처우가 나았던 것도 아니었다. 오히려 자본금이 적고 시설이 열악했던 한국인 중소 자본가의 공장에서 노동자들은 더 심각한 고통을 겪기도 했다. 1929년에 발생한 세계대공황의 영향을 받게 되

그림 8-1 • 별표고무 광고. 일제 치하 한국인 자본 가운데 비교적 경쟁력을 가졌던 것이 고무신 공업이었지만, 노동력 착취는 매우 심했다.

자 한국인 자본가들은 담합해서 가차 없이 노동자의 임금을 삭감하고 파업으로 저항하는 노동자들을 공장에서 쫓아냈다.

1930년대 이후 일본의 독점자본이 본격적으로 한국에 진출하면서 산업투자 조건도 변화했다. 시장이 확대되었고 자금난이 완화되었으며 대규모 공장이 늘어나면서 노동자들도 크게 늘어났다. 이것은 한국인 자본가들에게도 유리한 조건이었으므로 1930년대 한국인들의 공장 설립이 활발하게 진행되었다. 그런데 이들이 커 나갈 수 있는 방향은 제한되어 있었다. 이들의 성장조건 자체가 일본의 대규모 독점자본이 한국에 진출하면서 형성된 것이었으니 일본계 독점자본에 예속되는 것을 피하기 어려웠다. 많은 중소 한국인 자본은 일본계 대자본 회사에 예속된 하청기업이 되었다. 그렇지 않다면 이들이 진출하면서 부수적으로 확대된 시장을 노릴 수밖에 없었는데, 시장의 규모도 제한되어 있었고 경쟁도 극심했다.

일부 한국인 대자본은 일본 독점자본의 지배가 강화되면서 그 일각에 진출하기도 했다. 이것은 정치적으로 조선총독부의 노선과 정책에 적극적으로 협조하는 과정과 동시에 진행되었다. 박흥식, 민대식, 김연수 등 흔히 친일파로 지목되는 자본가들이 이때부터 본격적으로 활동하기 시작했다. 이들 한국인 대자본가들은 1937년 이후 전시체제에서 더욱더 노골적인 친일의 길을 걸었다.

1937년 중일전쟁이 시작되면서 일제는 산업 전반에 걸쳐 전시통제를 강화하였다. 군수산업 분야에 대한 지원이 우선 강조되었고, 조합을 만들어 동일 분야 내에서 원료 수급을 통제했다. 심지어 전쟁 후반에는 기업들을 통폐합하기도 했다. 정책적인 지원이 대규모 기업에 집중되면서 한국인 중에서도 대자본가들은 은행 대출, 원료 수급 등에서 우대를 받았다. 일제는 일반인들에게 강제적으로 예금을 하게 하여 확보한 자금을 대자본에 융자해 주었다. 1937년 연리 6~7퍼센트였던 은행 대출금리는 점점 더 낮아져 1943년에는 5퍼센트까지 떨어졌다. 이에 반해 공식 도매물가는 1937년에서 1945년 사이에 2.7배나 올랐다. 공식 물가가 이 정도이니 암시장의 가격은 6~7배도 넘게 올랐고 인플레이션이 극심했다. 따라서 돈을 빌리기가 힘들었고 금리도 매우 높았다. 한국인 중소자본이 이용했던 사채의 연리가 30퍼센트 수준이었다. 은행으로부터 돈을 빌린다는 것 자체가 특혜였던 것이다.

2. 식민지에서 자본가 되기: 고창 김씨 일가와 경성방직

한말 일제 치하에서 부를 축적하여 근대적인 기업을 설립하고 운영했던 한국인 자본가는 한둘이 아니다. 그들의 출신을 따져 보면 대체로 대지주, 전직 관료 또는 전통적인 상인 등이다. 지주 출신의 자본가라면 김성수·김연수의 김씨 일가가 대표적일 것이고, 관료나 은행가 출신으로는 한상룡, 그리고 상인 출신으로 근대 자본가가 된 사람으로는 박승직을 들 수 있다. 식민지 조선에서 대자본가로 성장하고 살아남는 구체적인 과정을 김성수·김연수 일가를 통해 살펴보자.

아마도 한반도에서 가장 비옥한 땅이 호남평야일 것이고, 그중에서도 가장 풍요로운 토지는 고창 일대일 것이다. 일제강점기에 김성수 가문은 그들 소유의 땅을 밟지 않고서는 고창을 지나갈 수 없다고 할 정도로 막대한 토지를 소유했다. 김성수의 할아버지 대부터 본격적으로 부를 쌓기 시작했던 고창의 울산 김씨 가문은 김성수의 아버지 세대인 김기

중·김경중 형제 대에 2,000정보(600만 평, 약 20km²)가 넘는 토지를 소유한 대지주가 되었다. 1910년대 후반 이후 3세대인 김성수와 김연수(이들은 모두 김경중의 아들이지만 김성수는 큰아버지 김기중의 양자가 되었다)가 유학을 마치고 돌아와 호남 재벌의 토대를 형성하기 시작했다. 와세다 대학을 졸업한 김성수는 1915년 중앙학교를 인수하고, 1917년에는 경성직뉴회사를 인수했으며, 1919년 경성방직 설립허가를 얻었고, 1920년에는 『동아일보』를 창간하는 등 활발한 사회활동을 벌였다. 김연수도 1921년 교토 제국대학을 졸업하고 귀국하여 경영 일선에 뛰어들었다.

1919년 경성방직 설립 당시의 사장은 박영효(1935년까지 재임, 2대 사장은 김연수)였고 김성수는 이사를 맡았다. 야심 차게 시작한 방직회사였지만 초기 경성방직은 극심한 경영난을 겪었다. 경성방직이 조업을 시작한 것이 1923년인데, 이때는 1910년대 중반 제1차 세계대전으로 시작되었던 일본의 호황국면이 끝나고 섬유산업계가 전반적으로 큰 어려움을 겪던 시기였다. 이런 판국에 별다른 경쟁력도 없이 시작한 사업이 순조로울 리 없었다. 견디다 못한 당시 지배인 이강현이 경성 시내 포목상들을 초대해 놓고, "우리 회사 제품으로 말씀드릴 것 같으면 타사와는 달리 직접 실을 뽑아 직조하지 못하고 품질 또한 만족스럽지 않사오나 순전한 우리 자본과 우리 조선의 가냘픈 소녀들이 피땀으로 짜내는 제품이오니 부디 외면 마소서"라고 호소하는 지경이었다.

경성방직의 실제 소유주였던 김씨 일가는 이 난국을 타개하기 위해 여러 방안을 모색했다. 우선 김성수가 경영하던 『동아일보』는 1923년부터 적극적으로 물산장려운동을 전개하였다. 일본 기업인 도요(東洋)방적의 '3A'표나 '계룡(鷄龍)'표 광목이 아니라 한국인이 만든 경성방직의 '북극성'표 광목을 이용하자는 것이었다. 또 일본 자본과 정면충돌하는 것을 피해 한국 북부 지방과 만주 지역으로 진출을 모색하였다.

그러나 실제로 경성방직이 위기를 벗어난 가장 구체적인 힘은 총독부 권력 및 제국주의 금융자본과 협력하는 데에서 나왔다. 경성방직은 1920년 조선총독부의 정책금융기관이던 조선식산은행으로부터 8만 엔의 자금 지원을 받았고, 이후 조선식산은행과의 관계를 더욱 강화해 갔다. 김연수는 한국공업협회 부회장, 조선직물협회 부회장, 도의원 등으로 일본 자본가들의 조직이나 총독부 관변조직에 참여했고, 1931년 일본의 만주침략이 시작되자 바로 1932년부터 만주 지역에 '불로초'표 광목을 판매하여 막대한 이익을 얻었다. 1920년대에 몇 차례 있었던 경성방직 노동자들의 파업도 일제 경찰과 긴밀한 '협조' 아래 무자비하게 탄압하였다.

1937년 이후 전시체제에서 경성방직은 더욱 확실한 특혜를 받았다.

그림 8-2 • 일제강점기 경성방직 공장 내부

조선식산은행이 경성방직의 주식을 인수하여 직접 투자하기 시작한 것이다. 1942년 경성방직을 500만 엔에서 1,000만 엔으로 증자했는데, 조선식산은행이 상당한 액수의 주식을 인수함으로써 큰 도움을 받았다. 1935년 300만 엔이던 경성방직의 자본금은 1945년 1,500만 엔으로 늘어났고, 1941년 단기순이익이 80만 엔에 달했다. 또 경성방직은 한반도 각지에 원면으로부터 완제품 옷까지 생산할 수 있는 시설을 완비했고, 1939년에는 조선식산은행과 만주흥업은행의 융자를 받아 만주에 자본금 1,000만 엔 규모의 '남만방적'을 설립하기도 했다.

당시 조선식산은행이 직접 투자한 산업체 중에 한국인이 경영하는 기업은 대흥무역주식회사, 조선비행기공업주식회사, 경성방직 등 단 세 회사였다. 그런데 대흥무역주식회사와 조선비행기공업주식회사는 모두 대표적인 친일기업인 박흥식이 중심이 되어 설립한 회사였다. 1939년 설립된 대흥무역주식회사는 몽골·신장과 한국 사이의 교역을 추진했는데 박흥식의 화신무역이 최대 주주였고, 외화 획득을 위한 일제의 정책적인 지원을 받았다. 1944년 박흥식이 주도하여 설립한 조선비행기공업주식회사는 '반도 곳곳에서 팽배하는 애국열의 총결산적인 성과'로 '반도의 혼을 담은 비행기'를 전선에 보내기 위해 설립되었다. 사실 경성방직은 이미 대흥무역주식회사의 주주였고, 김연수도 개인적으로 조선비행기공업주식회사에 투자하고 있었다. 이 기간 동안 김연수는 아주 적극적으로 총독부 권력과 유착하는 면모를 보여 준다. 1937년 국방헌금 1만 5,000엔과 황군위문금 5,000엔을 헌납했고, '경기도 애국기헌납 기성회'에 참여했으며, 1940년에는 중추원 참의로 임명되었다. 또 국민총력조선연맹 이사로 참여했고, 조선임전보국단 상무이사가 되었으며, 1943년 이후에는 학생들에게 학병으로 나가 일제를 위해 싸우라고 권유하는 데 앞장서기까지 했다. 경성방직의 자본축적이 확대되면 될수록 김연수의 친일행위도 도를 더해 갔다.

3. 귀속재산 불하받고 은행융자 챙겨 쓰고: 해방 이후 1950년까지의 자본축적

김성수·김연수 일가나 박승직 일가의 자본은 오늘날도 여전히 내로라하는 대자본이지만, 우리가 오늘날 대자본이라고 하면 언뜻 생각나는 몇몇 초거대기업들은 대체로 1950년대 이후에 급속히 성장했다. 이렇게 급속도로 새로운 자본가들이 성장할 수 있었던 것은 1948년 이후 우리 경제의 변화 때문이다.

1945년, 일본으로부터 해방은 되었지만 경제적인 어려움은 여전했다. 게다가 남북한이 분단되면서 물자의 유통이 어려워지자 생활필수품 부족 현상이 극심해졌다. 이런 상황에서 무역업이 자본축적의 가장 효율적인 길로 떠올랐다. 1950년대 대자본가들을 살펴보면 주로 일제 치하에서 소규모 상업이나 자영업에 종사했던 사람들이며 미군정 기간에 무역업으로 부를 축적한 사실을 알 수 있다. 그런데 해방 직후의 무역업이란 중국이나 북한, 홍콩, 마카오를 상대로 하는 밀무역이 주류를 이루었고, 설탕이나 면사, 의약품, 시멘트 등과 마른오징어, 한천 등을 물물교환하는 형태를 벗어나지 못했다. 1949년까지도 주로 홍콩 상인들이 배로 무역품을 싣고 들어와서 부산이나 인천 등지에서 물물교환의 형태로 교환하는 경우가 많았다. 극심한 물자 부족으로 이런 무역업을 통해 엄청난 이윤을 얻을 수 있었다.

그런데 이런 방식으로 부를 축적한 사람들이 모두 대자본으로 성장할 수 있었던 것은 아니었다. 1950년대 대자본 성장에 큰 역할을 담당한 것은 '국가'였다. 먼저 이른바 '귀속재산'의 불하가 문제였다. 일제가 물러나면서 많은 기업체들이 귀속재산으로 분류되었다. 일본인들이 돌아가고 난 다음, 대부분의 기업에서는 그 기업에 연고가 있던 한국인 자본가나 중간관리자들이 관리인이나 임차인이 되었다. 그리고 1949년에 제정된 '귀속재산처리법'은 이들에게 유리했다. 원래 대규모 사업체는 국유나 공유로 남겨 놓으려 했으나, 결국 몇 개의 기간산업체를 제외하고는 거의 모든 기업체가 민간에 불하되었는데, 관리인이나 임차인들이 우선권을 가진 데다 대금도 분할상환할 수 있었다. 이들은 이렇게 싼값에 불하받은 귀속기업체들을 기반으로 1950년대에 대자본가로 성장할 수 있었다. 1950년대 대기업체 89개 가운데 36개 회사가 귀속재산을 불하받은 것이었다.

둘째로 국가의 재정적인 투자와 융자, 원조물자의 배분 등이 자본가들의 성장에 큰 영향을 미쳤다. 널리 알려져 있다시피 1950년대 우리나라 경제에서 미국의 원조가 차지하는 비중은 엄청난 것이었다. 원조 중 일부는 기업에 직접 제공되어 도움을 주기도 했다. 원조물자가 원료나 연료로 기업에 제공되기도 했고, 대외 원조자금이 달러로 기업의 경제 활동을 지원하기도 했다. 정부는 저환율정책을 계속 유지했으므로 실제 달러 가치는 공식 환율보다 훨씬 높았다. 그러다 보니 원조자금으로 들어온 달러를 배분받는 것 자체가 큰 이익이 되었다. 환율이 날마다 오르다시피 하는 시기라 환차익으로 얻는 수익만도 엄청났다.

1950년대 미국의 원조는 대자본의 성장에 간접적인 방식으로도 크게 영향을 미쳤다. 정부는 미국이 제공한 원조물자를 민간에 판매하여 얻은 이른바 대충자금(對充資金)을 기업금융의 주요 재원으로 사용했다. 1950년대 산업은행 융자의 49.2퍼센트가 상위 40개 업체에 집중되어 있었으며, 이들은 아주 낮은 금리로 융자를 얻을 수 있었다. 산업은행은 빌려주는 금액이 크면 클수록 이자를 낮추어 받았으니 대자본가들에게 유리한 것은 자명한 이치였다.

귀속재산의 불하, 원조자금 분배나 대충자금 융자 등의 과정은 소수의 권력자에 의해 좌우되었다. 애초에 상당한 로비 능력 없이는 이런 자금에 접근조차 할 수 없었다. 자금의 분배나 융자 결정과정에서 사적인 청탁이 결정적인 역할을 했고 '특혜' 시비가 끊이지 않았다. 특혜가 당연한 것처럼 여겨지는 풍조가 횡행하면서 일제 치하에서 형성되었던 자본가와 관료들의 결탁은 이제 더욱 굳건해졌다. 관료·정치인들과 '원만한' 관계를 맺어 두지 않으면 기업 운영이 어려웠고, 반대로 확실한 '배경'을 얻기만 하면 비정상적일 정도로 급속한 성장도 가능했다. 1950년대 자본축적 과정에서 국가의 역할이 지대했다고 하면서 심지어 관료자본주의라고까지 평가하는 이유는, 그만큼 정책결정 과정에서 특혜가 심각했기 때문이다.

4. 재벌들이 생겨나다: 1940~1950년대의 자본축적

'삼백(三白)'으로 재벌이 된 삼성

삼성그룹 창업자인 이병철은 영남의 대지주 가문에서 태어나 일본 유학까지 마친 엘리트였다. 1936년 정미소를 만들어 처음 기업경영을 시작한 이병철은 토지에 투자했다 실패하기도 했으나, 1938년 대구에서 종업원 40명 규모의 삼성상회를 설립한 이래 무역과 국수 제조로 자본을 축적했고, 1939년 일본인이 경영하던 조선양조를 인수하고 1941년에는 삼성상회를 주식회사로 등록하였다. 그러나 해방 이전 삼성은 중소자본에 불과했다.

삼성이 본격적으로 자본을 축적하기 시작한 것은 해방 이후였다. 이병철은 앞서 살펴보았던 1950년대 자본축적의 전형적인 경로를 착착 밟아 나갔다. 우선 이병철은 무역업에 착수해야겠다고 결심하고 1947년 사업 근거지를 서울로 옮겨 삼성물산공사를 창립하고 생필품 무역에 뛰어들었다. 삼성물산공사는 이전처럼 중국 상인들을 기다리는 것이 아니라 직접 홍콩 무역을 시작하여 대성공을 거두었고, 1950년 3월에는 등록무역업체 중 일곱 번째 무역 규모를 자랑하게 되었다. 한국전쟁이 진행 중인 1951년에는 자본금 3억 원으로 삼성물산주식회사를 설립하여 설탕과 비료를 수입, 1년 만에 20억 원의 순이익을 올리는 놀라운 성장을 보였다(물론 인플레이션이 극심했기 때문이기도 하다).

전쟁이 끝나자 삼성은 본격적으로 제조업 분야 진출을 모색하였다. 이 시기에 가장 안정된 이익을 보장받을 수 있던 산업은 역시 먹고 입는 생활필수품, 그중에서도 원조와 관련된 설탕, 밀가루, 면직물제조업이었다. 모두 흰색 물건들이라 이를 '삼백(三白)산업'이라고 했는데, 삼성은 삼백산업의 선두주자이기도 했다. 1953년 삼성은 제일제당을 설립하여 설탕제조업에 진출했다. 자본금 2,000만 환으로 설립된 제일제당은 정부의 특별 외화대부를 받았고, 그 밖에도 상공은행에서 2,000만 환의 융자를 받았다. 수입과 차관 외에는 별다른 국내 생산이 없던 설탕산업을 시작하면서 이 정도의 융자를 얻었으니 땅 짚고 헤엄치기가 따로 없었다. 공장 가동 1년 만에 자기자본이익률 810퍼센트를 기록했고 1959년에는 자본금이 20억 환으로 100배가량 늘어났다. 한때 제당업체가 난립하여 혼란을 겪기도 했지만 1950년대 후반에 들어 대한제당, 삼양사, 제일제당의 세 회사가 제당업계를 장악했다. 1957년 제일제당은 곧바로 나머지 삼백산업 중 하나인 제분업에도 진출했다. 원조물자 중 큰 비중을 차지했던 것이 밀이었으므로 밀가루를 만드는 제분업은 다른 분야에 비해 호황일 수밖에 없었다. 삼백산업 중 마지막 분야는 면직이었지만 1950년대 중반 이미 시장은 포화상태에 이르렀다. 따라서 삼성은 면직이 아니라 모직업으로 진출했는데, 여기에 필요한 자금도 산업은행의 대충자금 5,380만 환과 대외원조자금 600만 달러로 충당했다. 이렇게 만든 회사가 제일모직이었는데, 제일모직은 설립뿐 아니라 회사 운영에서도 특혜 시비가 끊이지 않았다. 회사 설립 직후인 1958년 판매난에 봉착하자 정부는 운영자금을 지원했을 뿐 아니라 경쟁제품에 대한 수입금지 조치까지 내려 줄 정도였다.

귀속재산 불하도 삼성의 성장에 큰 몫을 차지했다. 사실 삼성이 기업인수에 본격적으로 나서게 된 계기는 1950년대 중반 시중은행의 대주주로 부상하면서부터였다. 시중은행의 주식 중 일본인이 소유하고 있던 지분을 어떻게 처리할 것인지 논란이 계속되다가 1954년 민간에 공매하기로 결정되었다. 삼성은 바로 흥업은행(이후 한일은행) 전체 주식의 83퍼센트를 인수하여 경영권을 장악하였고, 이어 조흥은행 주식의 55퍼센트를 확보하였다. 다시 흥업은행이 상업은행 주식의 33퍼센트를 인수하는 방식을 통해 상업은행도 지배할 수 있었고, 1958년에는 안국화재까지 소유할 수 있었다. 이렇게 금융기관들을 소유한 삼성은 천일

증권, 한국타이어, 삼척시멘트, 동일방직, 호남비료공업 등을 흡수하여 순식간에 한국 최대의 금융독점자본으로 성장할 수 있었다.

독점과 특혜를 누린 구인회의 LG그룹

LG그룹 창업주인 구인회도 지주 가문 출신이다. 경남 진양의 본가는 매년 300~400석 정도를 수확하는 중간 규모의 지주집안이었지만, 14세에 천석꾼 허씨 가문에 장가를 들었다. 지금은 다시 LG와 GS로 나뉘었지만, 오늘날 LG그룹의 기반을 이룬 구씨와 허씨 양 가문의 결합이 이때 이루어진 것이다. 구인회는 고등보통학교를 중퇴하고 낙향했다가 1931년 '구인회상점'이라는 포목상을 차려 사업에 나섰다. 구인회는 동양척식주식회사와 조선식산은행에서 많은 자금을 융자받아 사업을 확장했고, 일본인들과 함께 진주상공회의소 의원도 되었다. 당연히 당시 일제의 지배기구 구성원들과 적극적으로 친밀한 관계를 유지했고, 일제의 침략전쟁으로 만들어진 기회에도 적극 참여했다. 구인회는 1937년 처남 허윤구가 경영하는 선만물산(鮮滿物産)에 투자하여 만주 진출에 나섰고, 전시 특수경기에 대비하여 광목 2만 필을 매점하여 막대한 이익을 얻었다. 좋게 표현하자면 선견지명이고, 정확하게는 매점매석에 가까운 행동으로 자본을 축적하는 사례는 구인회의 기업경영에서 자주 나타난다. 1940년 '주식회사 구인상회'로 기업의 상호와 조직을 바꾼 다음, 1943년에는 40여만 원의 자금을 모두 토지에 투자하여 만석꾼의 대지주가 되었다.

해방이 되자 구인회는 가지고 있던 땅을 대부분 매각하고 부산으로 가서 1945년 11월 한국흥업사를 설립했다. 한국흥업사는 미군정청 무역허가 1호 기업으로 무역을 시작하여 1946년부터 화장품 판매업을 시작했다. 1947년 구인회는 오늘날 LG그룹의 모체가 되는 락희화학공업사(樂喜化學工業社)를 설립하고 크림을 생산하여 엄청난 이익을 얻었다. 락희화학은 특별한 기술은 없었지만 구인회가 300만 원을 들여 다량의 원료를 매점해 놓았던 덕분에 극심한 인플레 속에서 4년 동안 3억 원의 자본을 모을 수 있었다.

한국전쟁은 민족 전체에 엄청난 피해를 입혔지만, 구인회의 락희화학으로서는 고속 성장할 수 있는 계기가 되었다. 락희화학은 공장과 창고가 모두 부산에 있었으므로 전쟁의 피해를 면할 수 있었고, 서울에 있던 다른 기업들이 치명적인 타격을 입는 사이에 독점적인 위치를 누릴 수 있었다. 전쟁 이후 락희화학은 화장품에서 손을 떼고 플라스틱 사업에 착수했다. 이것 또한 전혀 새로운 사업이라 경쟁이 없었을 뿐 아니라 기계, 원료, 소모품 등을 모두 수입에 의존했다. 당연히 달러가 많이 필요했으니, 일단 정부로부터 원조 달러를 공급받으면 그 자체로 막대한 이익을 얻었다. 락희화학은 1954년 럭키치약을 생산했고 1956년에는 PVC 제품을, 1957년에는 비닐장판과 폴리에틸렌필름 등을 생산하기 시작했다. 특히 럭키치약은 수년 만에 미제 콜게이트를 축출하고 시장을 석권하였다.

그런데 이런 성장과정에서 문제가 되는 것은 자금이었다. 새로운 사업도 중요했지만 실제로 모든 기계, 원료, 기술은 미국 등지에서 도입하는 것이었으니 달러를 확보하는 것이 가장 큰 문제였다. 1950년대 락희화학은 여러 은행으로부터 막대한 융자를 얻을 수 있었다. 산업은행에서 4억 7,000만 환, 제일은행(구 저축은행)에서 7억 6,000만 환, 한일은행(구 흥업은행)에서 7억 4,000만 환을 융자받아 모두 20억 환에 가까운 융자를 얻었다. 그리고 이 자금이 외국으로부터 기술과 원료를 도입하여 급성장할 수 있는 기반이 되었다.

어떻게 이런 거액을 융자받을 수 있었을까? 한 가지 드러난 사실을 통해 그 비밀을 확인할 수 있다. 구인회는 자유당의 3·15부정선거 자금 제공자 명단에 이름이 올랐다. 그는 이승만의 자유당에 1억 3,000만 환을 제공하고 5억 원의 융자를 얻었던 것이다.

미군 공사와 달러의 위력을 업은 현대그룹의 성장

이병철이나 구인회와는 달리 현대그룹 창업주 정주영은 선대로부터 지원을 거의 받지 못한 자수성가형 자본가이다. 잘 알려져 있듯이 쌀집 배달원으로 시작하여 자동차수리업, 그리고 금광의 운반 하청을 맡아 하면서 정주영은 해방 직전 약 5만 엔의 자금을 손에 넣었다. 이 자금으로 1946년 현대자동차공업사라는 자동차 수리공장을 시작했고, 1947년 현대토건사를 세웠다. 1950년 정주영은 두 회사를 합하여 현대건설주식회사를 설립했지만, 아직 그 비중은 극히 미미했다.

현대의 급성장은 한국전쟁, 그리고 미군이라는 존재가 없이는 불가능한 일이었다. 그리고 그 또한 사적인 관계가 계기가 되었다. 정주영의 동생 정인영이 미군 공병대 통역으로 근무하면서 거의 모든 공사를 현대건설이 맡게 되었다. 물론 맡은 공사는 수단과 방법을 가리지 않고 해낸 정주영의 수완 또한 무시할 것은 아니지만, 역시 정상적이라고는 할 수 없는 상황에서 이루어진 일이었다. 현대건설은 미군 공사를 계속 맡게 되면서 정부의 원조자금 분배 없이도 상당액의 달러를 입수하고 막대한 환차익을 얻었다.

전쟁이 끝난 다음에도 현대건설은 미극동공병단이 발주하는 공사를 계속 수주했지만, 이제는 관급공사에도 눈을 돌렸다. 그리고 다른 건설업체들과 함께 이른바 '자유당 5인조'를 만들어 정치적인 거래를 통해 정부 공사를 따냈다. 정주영 스스로도 한국의 기업이 권력과 결탁해서 성장했던 것은 한국경제 초창기에서는 엄연한 사실이라고 인정하지 않을 수 없었다.

　해방 이후 한국전쟁을 거치면서 정상적인 시장 상황에서 자본축적은 거의 이루어지지 않았다. 대자본은 예외 없이 독점이나 권력과의 유착을 통해 급성장했다. 새로운 시장을 개척했다는 점에서는 경영자로서의 선견지명을 무시할 수 없겠지만 그 과정에서 경영 능력보다는 권력과 사적인 유착이 결정적인 역할을 했다는 것이 문제였다. 자본이 성장하려면 권력과 긴밀히 유착해야만 했으니, 합리적 경영보다는 경영 외적인 요인들을 더 중요시하게 되고 권력을 상대로 한 로비, 폐쇄적 가족경영에 의존하는 체제를 갖추게 되었다. 권력과 유착에 성공하지 못한 재벌들은 급속히 몰락할 수밖에 없었다. 강력한 노동 통제는 중소자본과 대자본을 막론하고 공통된 성격이었지만, 권력과 긴밀히 유착된 대독점 자본의 경우에 노동은 더욱 강력한 통제의 대상이 되었다. 이런 노동 통제는 특혜라 할 것도 못되었다.

　특혜는 오히려 재벌그룹들의 문어발식 확장 경영에서 드러난다. 한 사업 분야에서 성공을 거두면 연관된 산업 분야로 가는 것이 아니라 특별한 연관이 없는 다른 분야로 진출하여 일단 사업 규모부터 확대해 놓고 보는 '대마불사(大馬不死)'식의 논리가 지배했다. 이렇게 원천기술이나 경영혁신 없이 회사를 확대해 가려고만 하니 저리 융자와 같은 특혜, 초저임금과 같은 강력한 노동 수탈을 통해 이윤을 확보하는 것을 당연하게 여겼다. 더구나 이런 축적 구조는 끊임없이 규모를 확대할 때에만 유지될 수 있었다.

❖ 참고문헌

공제욱, 『1950년대 한국의 자본가 연구』, 백산서당, 1993.

김경일, 「한상룡: 친일 예속자본가의 전형」, 『한국학보 제19권』, 제2호, 1993.

박준식, 「한국전쟁과 자본가계급」, 『아시아문화』, 제16호, 한림대 아시아문화연구소, 2000.

오미일, 『근대 한국의 자본가들』, 푸른역사, 2015.

이승열, 『제국과 상인: 서울·개성·인천 지역 자본가들과 한국 부르주아의 기원, 1896~1945』, 역사비평사, 2007.

9장

노동자

뿌리내리는 자본주의, 노동자의 처지와 분노

최규진

1. 움트는 자본주의, 늘어 가는 노동자

17세기 초부터 조금씩 모습을 드러냈던 임노동자(賃勞動者)는 19세기 말부터 20세기 초에 들어와 광산과 부두 노동자를 중심으로 근대적인 노동자로 탈바꿈하기 시작했다. 『흥부전』에서 "우리 부부 품이나 팔러 갑시다"라고 말하는 흥부는 임노동자가 된 농민의 모습을 보여 준다. 흥부 아내는 "키질하기, 술집에서 술 거르기, 초상집에서 제복 짓기, 떡 만들기, 오줌치기, 나물 뜯기, 봄보리 갈이, 보리 놓기" 등의 허드렛일을 했다. 흥부는 "가래질하기, 전답 갈기, 면화 밭 갈기, 집 이엉 엮기, 보리 치기, 땔감 마련하기" 등의 잡일을 하면서 품을 팔았다.

조선 후기에서 1910년대에 이르는 '근대 이행기'에 노동자는 거의 다 농업 노동자였다. 이들은 차츰 신분의 예속에서 벗어나면서 계약에 따라 노동하기 시작했다. 또한 국가가 공공정책 차원에서 마련한 고용정책에 따라 고용노동이 생겨났다. 신분제가 해체되기 시작하면서 신분제에 뿌리를 둔 강제적인 부역노동 대신 국가가 고용노동을 이용하기 시작한 것이다. 농촌사회에서 등을 떼밀린 농민층은 농한기에 벌어지는 국가 공사에서 자신의 노동력을 팔았다. 또 조선 후기에는 몰락한 농민이 지주와 부농층에게 노동력을 판매하는 고용노동이 발달하기도 했다. 흔히 머슴으로 알려진 '장기고공(雇工)'은 지주나 양반관료층에 고용되어 노비노동을 대신했던 층이었다. 그러나 '단기고공'은 날품팔이의 초기 모습을 보였다. 평야지대에서는 청부노동 형태인 '고지(雇只)노동'도 널리 퍼졌다. 토지가 많은데 노동력이 적은 사람들은 농사철이 시작하기 전에 고용가를 헤아려 지급함으로써 필요한 노동력을 미리 확보하는 식이었다. 목화, 인삼, 담배 등 상품작물 재배가 많아질수록 고지노동이 널리 퍼졌다. 그러나 농업에서 나타난 임노동은 대부분 농번기에 한정되었다.

1876년 개항 뒤 제국주의 세력이 물밀듯이 들어와 경제 침탈을 일삼으면서, 광산 노동자가 더욱 늘었다. 개항 뒤에도 임노동자층은 대부분 농업 노동자였지만, 유기나 솥 공장 등과 같은 매뉴팩처 공장에서 일하던 노동자도 있었다. 개항을 계기로 개항장이 무역과 유통의 중심이 되면서 부두 노동자가 생겨났다. 인천, 부산, 원산 등 개항장을 중심으로 형성된 부두 노동자는 대부분 농촌에서 밀려난 사람이었으며 아직은 반숙련 또는 미숙련 상태였다.

1910년대 일제강점기가 되면서 농촌을 떠나 도시로 몰려드는 농민이 많아졌다. 그러나 공업이 발달하지 못한 탓에 도시로 삶의 터전을 옮긴 농민이 근대적 공장에서는 일하지 못했다. 노동자 수는 늘었지만, 토목 공사장 같은 곳에서 일하는 날품팔이 노동자가 많았다. 1920년대 섬유, 고무신 등의 경공업 부문을 중심으로 공장 노동자가 늘어 갔다. 그러나 전체 노동자에서 공장 노동자가 차지하는 비중은 낮았으며 공장 규모도

그림 9-1 • 1910년 부산의 막벌이꾼들

작았다. 농촌을 떠난 많은 사람은 부두 노동자를 비롯한 운반 일을 했으며, 토목공사장에서 적은 돈을 받고 품을 팔았다.

그러나 1930년대에 들어와 일제가 식민지 조선에서 '병참기지화' 정책을 펼치면서 북부 지역과 경인 지역을 중심으로 공장 노동자가 크게 늘었다. 1931년에 10만 명을 겨우 넘겼던 노동자 수는 1940년에 이르러 30만 명 남짓 되었다. 전체 노동자 수에서 공장 노동자가 차지하는 비율은 1920년대에 5~8%에 지나지 않다가 1930년대 전반기에 40~50%가 되었다. 또 1920년대에는 경공업 중심이었지만, 1930년에는 중화학공업 비율이 높아졌다. 1937년 중일전쟁 뒤에는 일본 독점자본이 군수공업을 키우고 지하자원 수탈에 발 벗고 나섰다. 그에 따라 공장 노동자 못지않게 광산 노동자가 크게 늘었다. 1945년 '해방' 직전에는 30만 남짓한 광산 노동자가 있었다. 공장 노동자, 광산 노동자와 함께 이 시기 노동자층의 커다란 부류를 형성한 것은 토목건축에서 일하는 노동자였다.

일제의 식민지 '공업화' 정책으로 노동자가 크게 늘면서 여성노동과 유년노동이 차지하는 비중도 높아졌다. 일할 수 있는 모든 사람이 일터로 나가지 않으면 식민지 조선에서 살아갈 수 없었기 때문이었다. 모든 나라에서 여성과 아동은 공업화 초기에 새로운 노동자를 공급하는 저수지가 되었다. 이들이야말로 "기계를 사용하는 자본가들이 가장 먼저 찾던 것"이었다. 여성은 남편과 아버지를

그림 9-2 • 조선질소비료주식회사 흥남공장

그림 9-3 • 경성방직회사의 소녀 직공(『조선일보』, 1925년 2월 12일 자)

가장으로 하는 가족관계에서 무슨 일을 해서라도 가족 생계에 보탬이 되어야 한다는 절박한 상황에서 일터로 나갔다. 아동도 자기 밥벌이를 해야만 했다. 1930년 무렵부터 전체 생산직 노동자 가운데 여성 노동자가 차지하는 비율은 30%를 웃돌았다. 여성 노동자는 주로 방직공업에서 일했다. 1930년대 중반부터 대규모 방직공장이 들어서면서 여성 노동자 수요가 크게 늘었다. 그다음으로 화학공업·식료품공업 등이 뒤를 이었으며, 기계·금속 부문과 광업 부문에서도 적지 않은 여성이 힘겨운

노동을 해야 했다. 전쟁을 치르던 일제가 노동력이 모자라자 군수산업 등에 여성 노동력을 동원했기 때문이다. 일제는 기계화가 된 방직공장 등에서 임금을 아끼려고 유년 노동자를 고용했으며, 전시 파시즘 때에는 노동력 수급계획에 따라 유년노동을 많이 동원했다.

2. 커져 가는 공장, 깊어지는 시름

농토를 빼앗겨 고향에 머무를 수 없는 사람들은 도시로 몰려들었다. 도시라고 해서 일자리가 보장된 것은 아니었다. 공장 노동자가 되지 못한 사람들은 남의 집 머슴살이를 하거나 지게꾼이 되어 입에 풀칠하기도 힘든 삶을 살았다.

공장 노동자라 해서 형편이 크게 낫지 않았다. 식민지 시대 조선인 노동자는 노동보호시설도 없이 낮은 임금과 몸을 갉아먹는 장시간 노동에 시달렸다. 이러한 조선인 노동자에 대해서 일제 통치자는 "일을 열심히 하지 않고 책임감이 약하다. 이동성이 높고 정착성이 부족하다. 저축심이 없고 휴업률이 높다"고 했다. 또 일제는 이런 기질이 마치 조선인 노동자가 본디부터 가지고 있는 민족성인 것처럼 떠들면서 노동 강도를 높일 것을 강요했다. 일제는 조선인 노동자는 생산성이 낮아서 장시간 노동과 낮은 임금은 피할 수 없을 뿐만 아니라, 나쁜 습성을 지닌 그들을 철저하게 감시하고 통제해야 한다고 주장했다. 일제 어용학자들은 "조선 노동자는 유순하고 육체적으로 중노동에 알맞을 뿐만 아니라, 능력이 일본인과 큰 차이가 있지만 임금이 절반 정도이고 활용할 노동력이 풍부하기 때문에" 이익을 많이 남길 수 있다고 생각했다. 또 일제는

"조선 노동자들이 간편한 생활에 익숙하여 생활비가 적게 들고, 유년공의 능력이 뛰어나며, 단결력이 부족하여 파업을 일으킬 능력이 부족한 것" 등을 장점으로 꼽았다.

조선인 노동자는 일본인 노동자보다 1.2~1.5배 더 긴 시간 일하면서도 임금은 절반도 되지 않았고, 더구나 조선인 여성 노동자는 남성 노동자의 또 절반 남짓한 임금을 받았다. 고무업 노동자의 경우, "불같이 내리쪼이는 양철 지붕 밑에서 끓는 화로를 안고 앉아서 비지땀을 흘리며 일을 하는데 가위 자국에 손가락마다 성한 곳이 없이 못이 박히고, 잘하는 사람 월급이 23원, 그중 못하는 사람이 14~15원밖에 안 되었다"(『조선일보』, 1923년 7월 6일 자).

일본 노동자는 임금 말고도 '재선(在鮮)수당' 등을 받고 회사가 베푸는 복리후생시설을 이용했다. 조선 노동자는 감독, 십장 등에게 중간착취를 당했고 벌금과 강제저축 따위로 임금이 깎였다. 조선 노동자는 일본인과 조선인의 차별대우, 감독의 비인격적인 대우, 그리고 구타 등에 큰 불만을 느끼고 있었다. 일제는 벌금과 폭행 등을 통해 규율을 강제했다. 임금보다 벌금이 많아 그다음 날 임금에서 깎아야 하는 일도 적지 않았다. 자본가들은 어린 여공을 공장 규율에 적응시키기 위해 폭언, 구타 등의 폭력을 썼다.

제사 여공의 딱한 처지를 좀 더 자세하게 들여다보자. 한 잡지는 제사 공장의 작업장 환경과 노동조건, 그리고 임금을 다음과 같이 요령 있게 요약했다.

뽀얀 김이 무럭무럭 올라오는 조사장(繰絲場) 속에는 16~17세밖에 안 되는 흰 에이프런을 입은 여자들이 실을 켜고 있다. 돌아가는 실 감개에는 거미줄보다도 가는 흰 명주실들이 수천 가락으로 갈리어 감겨지고 있으며 화씨 180도(82℃)나 되는 뜨거운 가마 불에서는 후터분한 번데기 냄새가 김과 함께 서리어 올라온다. 여공들의 손! 아침 6시부터 밤 6시까지 뜨거운 물속에서 데여 비단결 같아야 할 그들의 손은 허옇게 부풀어서 금시에 터질 듯이 되어 있다. 1분간에 약 1,600척(485m)의 실을 하루에 거의 100만 척(303,030m)의 견사(絹絲)를 뽑아내는 그들의 보수는 겨우 50전씩이라 한다. 음식은 한 끼에 6전짜리를 앉지도 못하고 서서 먹는다(『신동아』, 1932년 6월호).

자본가들은 여성 노동자를 확보할 뿐만 아니라 그들을 규칙적으로 노동시간에 동원하려고 기숙사를 만들었다. 식민지 시대의 기숙사는 노동자가 쉬거나 잠자는 곳이라기보다는 노동자의 모든 생활을 감시하고 통제하는 노릇을 했다. 공장에는 담이 높게 둘러싸여 있었으며, 군데군데 망루가 있어 여공들이 도망치는 것을 감시했다. 여공들에게 공장은 감옥이었다(『동아일보』, 1934년 1월 2일 자).

1926년 처음으로 작업을 시작한 산십조 제사공장은 …… 문밖 출입도 도무지 할 수 없는 것은 물론이요 서신 같은 것도 자유로이 할 수 없는 등 말 못할 고초를 겪던 중 담을 넘어 도망하는 아이가 속출하는데 담을 넘어 도망하다 떨어져 온몸에 상처가 났는데도, 공장에서는 도리어 그 아이를 잡아다 발길로 찼다(『조선일보』, 1926년 10월 26일 자).

소년, 소녀 노동자의 노동조건과 상태도 차마 말로 다할 수 없었다. 연초공장에서 일하는 유년공의 상태를 잡지 기사는 다음과 같이 전한다.

여름에는 공장에 많은 사람이 있고 기계의 증기 기운에 더워서 견딜 수 없는데 연초 냄새가 또 지독하고 그 기운이 훈훈하여 그 공장이 한증막보다 더 덥다. 그런데 그 직공은 사소한 임금 때문에 이 고열 속에서 노동을 한다. 특히 연초공장에는 소년, 소녀가 많은데, 그들은 연약한 몸에 종일토록 노동을 하다가 어떤 때는 연초 독기에 어지

그림 9-4 · 담배를 포장하는 여직공

럽고 정신이 아뜩하여 쓰러지며 눈과 코가 아파서 집에 돌아가서도 울기만 한다(차상찬(車相瓚), 「빈자의 여름과 부자의 여름」, 『개벽』, 제50호, 1924년 8월).

많은 노동자가 마음 놓고 머무를 집이 없어 제방이나 다리 밑, 산속에 허름한 오두막집이나 토굴을 만들고 살았다. 토목건축에서 일하는 공사장 막일꾼들 가운데 독신 노동자는 '함바'라는 공사장 부근의 임시 건물에서 살았다. 가족이 있는 노동자들 가운데 자기 집을 가진 노동자는 5퍼센트도 되지 않았다. 공장 부근에는 통근 노동자들이 사는 공장촌이 형성되었다. 도시나 공장지대에는 노동 숙박소도 있었는데 아직 일자리를 찾지 못한 사람들과 뜨내기 노동자를 대상으로 했다. 신문은 '무산계급의 호텔'이라면서 노동 숙박소 모습을 다음과 같이 적었다.

그림 9-5 · 화광교원 노동숙박소의 모습(『중외일보』, 1927년 1월 4일 자)

하룻밤 자는 데 5전! 누가 이것을 싸다 하더냐? 이 5전이나마 없어서 처마 밑 굴뚝 옆 신세를 지는 그들에게는 성전(聖殿)이 곧 이곳이다. 악취가 코를 찌르고 좁기는 관(棺) 속과 같은 더러운 방을 찾아 해가 어스레하면 그들의 발자취가 이어진다. 온종일 굶주림을 참아 가며 비지땀을 흘려 벌어 온 20~30전을 움켜쥐고 이곳을 찾아 강조밥으로 겨우 소리치는 배 속을 단속한 뒤 지친 몸을 방 한구석에 끼어 두면 빈대, 모기, 벼룩 등의 물것들이 다시 크게 습격하여 더위와 함께 그들의 단꿈을 깨뜨리고 만다. 그때에는 약속한 듯이 이 방 저 방에서 침통한 한숨 소리가 '리듬' 맞추어 흘러나온다(「야(夜)경성 순례기(5) 무산계급의 '호텔' 일야(一夜) 숙박료 5전야」, 『조선일보』, 1925년 8월 28일 자).

1930년대부터 북부 지방을 중심으로 중화학공업이 들어서면서 노동재해와 질병이 큰 문제가 되었다. 진남포 제련소의 경우 '20년이 넘는 기계들은 언제 폭발할지 모르는데 마스크도 쓰지 못해 숨이 턱턱 막히고 뜨거운 물이라도 튈라치면 그대로 참아 내야 하는 노동'을 견뎌 내야 했다. 노동자들은 갖가지 산업재해와 질병에 시달렸다. 유년 노동자·견습공의 노동재해율은 더욱 높았다.

3. 서비스업과 직업여성

식민지 조선에 근대가 밀어닥쳤다. 예전에 없던 새로운 현상을 설명하려면 새로운 낱말이 있어야 했다. 외국어 말고는 달리 길이 없었다. 외국어는 낯선 근대를 드러내는 하나의 기표이기도 했다. 외국어로는 불어와 독어도 있었지만, 영어가 90%를 차지했다. "요즈음 신문·잡지에는 영어가 너무 많아서 도무지 알아볼 수가 없다"라고 불평할 만큼 외국어를 많이 썼다. 1930년에 들어서면서 '걸(girl)'을 붙인 말이 유행했다.

시내 황금정 일정목(지금의 을지로 1가) '카브'에는 '키린 가솔린'을 파는 여자가 수일 전부터 나타났으니 이것이 '가솔린 걸'이다. '택시' 운전수들의 호의를 사며 '가솔린'을 들고 있어 조선에서 가장 첨단직업이 되어 있다. 이 외에 여자 이발사, '골푸 걸', '마네킹 걸', '마뉴키아 걸' 등등 이름을 들기 어려울 만큼 가두에 나서는 직업여성이 있다(「직업전선, 취직선에 혼전하는 형형색색의 생활상」, 『조선일보』, 1931년 10월 19일 자).

그림 9-6 · 조선은행 앞에서 상품을 광고하는 '마네킹 걸'을 보려고 구름같이 모여든 남자 구경꾼(『조선일보』, 1929년 9월 7일 자)

온갖 '걸'이 어지럽다. 신문 기사에서 말하는 골푸(골프) 걸이란 남자와 함께 골프장에 온 카페 여급이나 기생을 일컫는다. 경성에서는 1921년에 효창원 골프 코스가 처음 생겼고 일부 부유층과 권력가가 골프를 했다. 마네킹 걸이란 광고판을 들고 마네킹처럼 서 있는 여성이었다. '마뉴키아(매니큐어) 걸'이란 이발소에서 손톱을 다듬는 여성이다.

그러나 이 신문 기사에서 미처 말하지 못한 또 다른 '걸'이 있었다. 백화점 점원인 '데파트 걸', 백화점 엘리베이터를 운행하던 '엘리베이터 걸', 당구장에서 일하는 '빌리아드 걸', 버스 차장인 '버스 걸', 전화교환수인 '헬로 걸', 극장에서 표를 파는 '티켓 걸' 등이 그들이다. 그 밖에 '매춘'의 경계에 있었던 여성을 가리키는 말로 '보트 걸', '스틱 걸' 등이 있었다. '보트 걸'이란 남자와 함께 보트를 타고 '에로 써비스'를 하는 여성이었다. '스틱 걸'이란 '밤에 시내 각처로 돌아다니면서 남자들을 홀려내어 돈 몇 푼을 받고 함부로 매음하는 여자'였다. 여성 직업 이름에 '걸'을 붙이는 방식은 일본에서 들어왔다.

'걸 그룹'은 직업여성 가운데 한 부류로 근대적 서비스직 여성을 가리키는 말이었다. 자칫 '직업여성'이란 말에서 유흥업에서 일하는 여성을 떠올리는 사람도 있겠지만, 식민지 조선에서는 그야말로 직업을 가진 여성이라는 뜻으로 썼다. 1930년 무렵, 여성은 80% 남짓이 농업 분야에서 일했다. 그러나 이들을 직업여성이라고 부르지 않았다. 직업여성이란 일정한 교육을

그림 9-7 • '버스 걸' 삽화(「신가정」, 1934년 2월호)

받고 '근대적 노동'을 하는 여성을 일컫는 말이다.

서비스직에서 일했던 '걸'은 대부분 결혼하지 않았으며 20세 안팎이었다. 서비스직 여성들의 평균 월급은 1931년 기준으로 20~30원 남짓했다. 전문직보다는 낮은 임금이었지만, 일급 15전~20전을 받는 공장 여공에 견주면 그래도 안정된 고급 직종이었다. 그러나 이들의 노동 강도는 아주 높았다. '대인 서비스'를 하는 이들은 감독의 심한 통제를 받았다. 일제강점기에는 공적인 영역에서 활동한 직업여성들을 성애화(sexualization) 대상으로 삼는 일이 많았다. 성애화는 가부장제사회가 여성에게 성적 정체성을 부여함으로써 남성과는 다른 열등한 존재로 인식시키는 기능을 한다. 특히 사람과 직접 얼굴을 마주하며 친절을 베풀어야 할 서비스직 여성들에 대한 성애화가 많았다. 언론은 "직업여성에게 필요한 것은 용모"라는 식의 기사를 거리낌 없이 썼다. 실제로 '대인 서비스업'을 '에로틱한 직업'으로 생각하는 일이 많았다. 따라서 서비스직 여성들은 업무과정에서 성희롱을 당하기도 했다.

서비스업에서 일하는 여성 노동자들은 감정을 억누르고 남의 비위에 맞추어야 하는 '감정노동'에 시달렸다. 감정노동이야 남자도 하는 것이지만, 여성들의 감정은 남성들의 감정보다 비중이 낮게 매겨졌다. 일제강점 시대 백화점에서 해야 했던 감정노동은 오늘날의 백화점과 크게 다르지 않았다. 데파트 걸은 '품행방정'해야 하고, 친절과 미소를 늘 몸에 익혀야 했다. '서비스 전성시대의 꽃'인 데파트 걸에게 주어진 임무가 바로 그것이었다.

'걸 그룹'에 들지 못하는 여성은 일본인이 많이 사는 진고개(오늘날 명동)에서 집안 살림을 돕고 아이를 키우는 '오모니'가 되는 일이 많았다. 어머니를 일본식으로 발음한 '오모니'는 일본 사람들이 가사 노동자(maid)

그림 9-8 · '오모니'의 모습(『동아일보』, 1933년 9월 10일 자)

가운데 결혼한 중년 여성을 부를 때 썼다. 결혼하지 않은 젊은 가사 노동자나 아이를 봐주는 조선인 소녀를 부를 때는 '기지배' 또는 '네-야(ねえや, 언니)라고 했다. 가사 노동자도 임금에서 민족 차별을 당했다. 일본인 가사 노동자는 조선 사람보다 2배 정도 돈을 더 받았다. 조선 가정에서는 가사 노동자를 '안잠자기'라고 불렀다. "안잠자기는 살림이 어려운 마흔이나 쉰 살가량의 중년 부인이 살림은 며느리에게 맡기고 남의 집에 살면서 일을 해 주고 월급을 받아 살림에 보태는" 사람이었다(조영만, 『경성야화』, 창, 2012, 40쪽).

4. 더는 참을 수 없다

1910년대 노동자들은 아직 수가 적었고 사회적 힘도 약했지만, 파업투쟁을 벌이고 초보적인 노동자 단체를 만들면서 조금씩 저항의 몸짓을 보였다. 1910년대 파업투쟁에서 내건 요구조건은 임금인상, 대우개선 같은 경제적 요구가 많았다. 1920년대 들어 노동자들은 사회주의 사상의 영향을 받으며 여러 노동단체를 만들어 '단결의 무기'로 삼았다. 1920년 4월에는 최초의 근대적이며 전국적인 노동단체였던 조선노동공제회를 창립했다. 노동조직이 발달하면서 1924년 4월 전국 260여 노농단체와 5만

3,000여 명의 회원을 거느린 조선노농총동맹이 결성되었다. 노농총동맹은 "노동계급을 해방하여 완전한 신사회를 실현하며", "철저하게 자본가 계급과 투쟁"한다는 강령도 내걸었다. 노농총동맹은 1927년에 노동총동맹과 농민총동맹으로 분리하여 조직에서 발전하는 모습을 보였다.

노동자 조직이 발전하는 것에 발맞추어 노동운동도 활발해졌다. 1921년 9월 부산 부두 노동자가 맨 처음 대규모 연대파업을 일으킨 것을 비롯하여 크고 작은 파업이 곳곳에서 일어났다. 1923년 경성고무 여공 300명은 회사가 임금을 깎고 공장 감독이 인권을 짓밟자, 굶어 죽을 각오로 싸우겠다는 '아사동맹'까지 맺었다.

조직이 생기고 계급의식이 성장하기 시작한 노동자들은 1929년 원산총파업에서 그 힘을 크게 떨쳤다. 이때 일제가 일본군 제19사단 함흥연대 400여 명을 보내 파업 노동자를 위협한 것도 새롭지만, 다음 글에서 보듯이 일본 선원 노동자들이 원산총파업을 지지하고 연대하려 했다는 것도 놀랍다.

원산 부두 노동자들이 일제 경찰과 파업깨기꾼에 맞서 싸우는 모습을 지켜보던 화물선 '쯔루마루' 선원들은 별안간 고함을 지르며 발을 굴렀다. 그들은 스또반자이(파업만세)! 교오다이찌 감바레(형제들, 버텨라)!라는 소리를 크게 외쳤다. 그러자 다른 일본 배에 있던 선원들도 응원시위를 했으며 여러 배들이 일제히 우렁찬 뱃고동 소리를 내기 시작했다. 파업깨기꾼과 일본 경찰은 너무나 뜻밖의 일이라 한순간 모두 멍청하였다. 하늘이 무너져도 유분수지, 내지인(일본인)이 불령선인(조선인)의 편을 들다니! 이와는 반대로 파업자들은 그 뜻하지 않은 성원에 크게 고무되었다(김학철, 『격정시대 1』, 풀빛, 1988, 191쪽 내용 요약).

그림 9-9 · 1929년 원산총파업 모습

그림 9-10 · 동맹파업 영향으로 퇴학당한 소학생(『조선일보』, 1929년 2월 6일 자)

　　원산 인구 가운데 3분의 1이 참여한 원산총파업은 3개월 남짓한 투쟁을 했지만, 일제와 자본가의 탄압으로 실패했다.

　　1930년대에 들어 공황을 맞은 일제와 자본가는 '산업합리화'를 내걸고 임금을 깎거나 노동시간을 늘렸다. 이에 맞서 노동자들은 파업투쟁을 했다. 1930년대 '공업화' 정책으로 북부 지역에 대규모 중화학공장이 생겨나자 파업투쟁이 평안도·함경도 등 북부 지방에서 많이 일어났다. 이 무렵 노동자는 파업 전술을 발전시켰고, 노동자투쟁은 더욱 치열해졌다. 1931년 5월, 평양 을밀대 지붕 위에서 평원고무공장노조 여성 간부인 강주룡은 노동운동 역사에서 처음으로 고공농성, 1인 시위를 벌이기도 했다. 강주룡은 을밀대 위에서 다음과 같이 외쳤다.

　　우리는 49명 우리 파업단의 임금인하를 크게 여기지는 않습니다. 이것이 결국은 평양의 2,300명 고무공장 직공의 임금감하의 원인이 될 것이므로 우리는 죽기로서 반대하려는 것입니다. 2,300명 우리 동무의 살이 깎이지 않기 위하여 내 한 몸뚱이가 죽는 것은 아깝지 않습니다. 내가 배

그림 9-11 · 을밀대 전경　　　　　그림 9-12 · 을밀대에서 고공농성하는 강주룡

워서 아는 것 중에 대중을 위해서는 …… 명예스러운 일이라는 것이 가
장 큰 지식입니다. 이래서 나는 죽음을 각오하고 이 지붕 위에 올라왔습
니다. 나는 평원고무 사장이 이 앞에 와서 임금감하를 취소치 않으면 나
는 자본가의 …… 하는 근로대중을 대표하여 죽음을 명예로 알 뿐입니
다. 그러하고 여러분, 나를 지붕에서 강제로 끌어낼 생각은 마십시오. 누
구든지 이 지붕 위에 사다리를 대놓기만 하면 나는 곧 떨어져 죽을 뿐입
니다(무호정인(無號亭人), 「을밀대상의 체공녀(滯空女), 여류투사 강주룡 회견기」, 『동광』,
1931년 7월호. 중략은 원 자료에도 빠진 것임).

강주룡을 비롯한 파업단은 공장주들이 임금을 깎으려는 것을 일단 막
았다. 경찰은 강주룡이 사회주의자들과 함께 혁명적 노동조합운동을 했
다면서 그녀를 체포했다. 1년 남짓 옥중투쟁을 벌이던 강주룡은 병보석
으로 풀려난 뒤 1932년 평양 빈민굴에서 숨을 거두었다. 사회주의자들
이 공업지대를 중심으로 혁명적 노동조합을 벌인 것은 사실이었다.
1930년대의 혁명적 노동조합운동이란 선진 노동자들을 묶어 그야말로

혁명적인 노동운동을 하려는 운동이었다. 1931년부터 1935년까지 혁명적 노동조합 관련 사건이 일어나 1,700명 남짓이 연루된 사실에 비추어 보아 이 운동이 널리 퍼졌음을 알 수 있다.

1937년 중일전쟁과 뒤이은 태평양전쟁 때에도 노동자투쟁은 이어졌다. 이때 노동자들은 주로 군수산업 부문을 중심으로 파업투쟁을 벌이면서 침략전쟁에 날뛰는 일제를 괴롭혔다. 노동자들은 직접 파업을 벌이기도 했지만, 전시산업의 생산을 흐트러뜨리는 태업·결근·공사방해 등을 자주 일으켜 일제에 맞섰다. 또 일제가 징병, 징용으로 노동력을 강제동원하고 수탈하는 정책을 펴자, 수많은 노동자가 집단 또는 개인으로 도망가는 등 일제의 정책을 방해하는 일을 멈추지 않았다. 일제 경찰은 치안유지법 따위를 적용하고 고문과 투옥 등 갖은 방법으로 노동운동을 탄압했지만 노동운동을 잠재우지는 못했다. 어느 노동자 시인은 공장 문을 나서는 노동자의 행진에서 내일을 기약하는 '위대한 노동자의 힘'을 보았다.

피를 빨고 몸부림치는 벨트의 소리가
'파시스트' 군대 돌격의 함성 같고
연돌(煙突)이 뿜어내는 검은 연기가
우리들을 장사 지내는 그거와도 같은
시끄럽고도 숨 막히는 공장의 거리다.

벨트와 기중기의 고함소리 그치고
높다란 연돌이 한숨을 그치니
노동자는 기계 곁을 떠난 것이다.

그림 9-13 • 1930년 평양고무공장 파업 모습(『조선일보』, 1931년 1월 1일 자)

위대한 노동자의 힘!

이 공장 저 공장 검은 문에서
홍수와 같이 밀려 나오는 형제의 떼
빈 도시락의 떨걱거리는 소리에
행진의 장단을 맞추어 가며
다시 내일을 기약하는 노동자의 떼

지금 서산을 넘는 저 태양이
내일 다시 동해에 뜰 것을 약속함과 같은
미래를 상징하는 힘차고 굳센 시위의 행진이다.

(철부(鐵夫), 「공장가의 러시아워」, 『비판』, 제9호, 1932년 1월)

참고문헌

고려대학교 노동문제연구소, 『한국노동운동사 1·2』, 지식마당, 2004.

곽건홍, 『일제의 노동정책과 조선노동자』, 신서원, 2001.

김경일, 『일제하 노동운동사』, 창작과비평사, 1992.

김윤환, 『한국노동운동사 1』, 청사, 1982.

박준성, 「노동운동 사상 최초의 고공농성: 을밀대 위의 강주룡」, 역사학연구소 편, 『역사 속의 미래 사회주의』, 현장에서 미래를, 2004.

손정목, 『일제강점기 도시사회상연구』, 일지사, 1996.

역사학연구소, 『함께 보는 한국근현대사』, 서해문집, 2016.

윤용출, 『조선 후기 요역제와 고용노동』, 서울대학교출판부, 1998.

이병례, 「일제하 전시 기술인력 양성정책과 한국인의 대응」, 성균관대학교 박사학위논문, 2012.

이상의, 『일제하 조선의 노동정책 연구』, 혜안, 2006.

이옥지·강인순 지음, 『한국여성노동자운동사』, 한울, 2001.

최규진, 「일제의 조선지배와 식민지 노동정책(1920~1937), 강만길 외, 『일본과 서구의 식민통치 비교』, 선인, 2004.

_____, 「직업여성, 또는 '걸' 그룹」, 『내일을 여는 역사』, 제43호, 서해문집, 2011.

10장

해외 이주민

국민국가의 경계에 놓인 사람들

허수

1. 초기 이민사회의 생소한 모습

그들만의 잔치, 간도협약

현생인류인 호모사피엔스가 아프리카를 떠나 유라시아 대륙으로 옮겨 간 이래 인류의 역사는 이주의 역사라 해도 과언이 아니다. 근대적 이주는 16~18세기에 유럽인들이 비유럽 지역에 식민지를 개척하고 농장을 건설하면서 본격적으로 이루어졌다. 농장주들은 다수의 저임금 노동력이 필요하여 동아시아와 아프리카에서 다수의 사람들을 들여왔다. 19세기 초 유럽에서 산업혁명이 일어나자 국제적인 이주 양상은 변화했다. 산업혁명 과정에서 소외되고 궁핍해진 노동자, 농민들은 신대륙에서 새로운 기회를 잡기 위하여 이주했다.

19세기부터 본격화한 한국인의 초기 이주는 그 주된 양상이 자본가 혹은 농장주의 주도나 산업혁명의 영향에 따른 것이 아니라는 특징이 있다. 19세기 중반부터 1910년까지 주로 농민층이 다수인 한국인들은

그림 10-1 • 1910년대 간도 용정 시내 모습

조선 말기의 행정적 억압과 기근 및 빈곤을 피하여 한반도와 인접한 중국 만주와 러시아 연해주 등으로 이주했다.

이미 1860년대부터 한국인들은 기근을 피해 만주로 집단이주하고 있었다. 대체로 평안도 지역 사람은 압록강에 인접한 지역인 동변도로, 함경도 지역 사람은 두만강에 인접한 지역인 동만 지방, 즉 간도로 건너갔다. 그런데 만주는 중국 영토라서 중국인이 살고 있었을 텐데 한국인의 집단이주를 허용할 만한 여지가 있었을까.

당시 그곳은 주로 청국과 조선 사이의 완충지대 역할을 했으며, 주민들이 실지로 살아가는 거주지역의 성격은 약했다. 17세기 전반 조청(朝淸)전쟁(병자호란)이 끝난 뒤 청국 정부는 요동의 넓은 땅을 봉금(封禁) 지역으로 선포했다. 국경 수비를 위해서였다. 그 연장선상에서 압록강·두만강 이북 지역에도 완충 지역을 설치했다. 조선 정부도 북쪽 국경을 넘는 행위를 처벌하는 조치를 취했다. 이 때문에 초기 이주는 자연발생적이며 불법적인 형태를 띠었으며 이주민 숫자도 그리 많지 않았다.

그러나 오래지 않아 이런 상황은 바뀌게 된다. 청국 정부가 이 지역을 봉금에서 해제했기 때문이다. 청국 정부는 국내의 재정 궁핍을 타개하고, 러시아의 남하정책에 대처할 목적으로 1872년에는 동변도 지방을, 1881년에는 동만 지방을 봉금에서 해제했다. 이에 따라 한인의 만주 이주는 본격화되었다. 초기에는 출가형 이민, 즉 아침에 강을 건너가 농사를 짓고 저녁에 돌아오거나 봄에 가서 가을에 돌아오던 방식이 많았다. 그러나 점차 가족이민으로 바뀌었고 다수는 현지에 정착했다. 그 결과 1908년 무렵에 재만 한인의 수는 대략 20만 명이 되었다. 이들은 늪지대에 배수시설과 관개시설을 만들어 벼농사를 시작했고 화전을 이용하여 수수, 콩, 야채 등 다양한 작물을 재배했다.

한인의 만주 이주와 정착은 조선, 청국, 일본 간의 대립 속에서 많은 우여곡절을 겪었다. 1881년 당시 두만강 상류의 청국 지역에는 이미 한인이 대량의 황무지를 개간·경작하고 조선 관리가 조세를 징수하고 있었다. 이런 '월간(越墾) 조선인'의 관할 문제를 둘러싸고 청국 정부와 조선 정부 사이에 분쟁이 일어났다. '월간 조선인'을 북간도 지역에 살게 하는 것에는 두 나라 정부가 큰 이견이 없었다. 그러나 조선은 이들에 대한 조세 징수 및 관리를 조선 관원의 관할 아래 둘 것을 주장한 데 대해, 청국 정부는 절대 불가하다는 입장을 고수했다. 이러한 논쟁은 급기야 백두산정계비 비문 해석을 둘러싼 간도영유권 분쟁으로 이어졌다.

이런 가운데 1905년 대한제국의 외교권을 박탈한 일제는 1909년 9월 청국과 간도협약을 체결했다. 한인의 관여 없이 체결된 이 협약에서 간도를 청국령으로 규정하고, 이 지역 한인에게 귀화입적을 전세로 서주권, 토지소유권, 재산소유권을 부여하기로 했다. 청국 정부는 재만 한인에 대한 권한을 일본으로부터 인정받았다. 19세기 말 이래 조선 정부와 청국 정부 사이에 논란이 되었던 재만 한인의 국적과 그들에 대한 관할권 문제는 청국 귀속으로 일단락된 것이다. 대신 일본은 중국 내 한인 이주민과 관련된 일련의 법적 문제 해결에 참여할 수 있는 기회를 얻었다. 이 지역 한인에 대한 문제는 이후에도 오랫동안 청일 간의 분쟁에서 교환 카드와 같은 역할을 했다.

금은 없고 고달픔만 있는 '황금산'

미국 하와이로의 이주는 정부 주도로 이루어졌다. 이 점에서 자연발

그림 10-2 • 국민회의 하와이 지방 총회 기념사진

생적이고 불법적인 형태를 띤 만주 및 연해주로의 이주와 큰 차이가 있다. 하와이 이주의 발생과 전개과정에는 하와이 사탕수수 농장 경영에 필요한 노동력의 변천이라는 자본의 국제적 요구와, 한국의 일본 식민지화라는 역사적 상황이 맞물려 있었다.

하와이에서 사탕수수 재배는 1830년대 중반에 시작하여 1880년대에 이르면 하와이 섬 경제의 핵심으로 성장했다. 사탕수수 농장주들은 부족한 노동력을 외국인 이민 노동자에게서 충당하려 했다. 그런데 농장주들은 값싸고 유순한 이민 노동력을 필요로 하면서도, 특정 민족집단이 다수가 되는 것을 바라지는 않았다. 이민 노동자가 단합하고 노동조합화하여 집단행동에 나서는 것을 꺼려해서였다. 이민 노동자들도 경제생활의 여력이 생기면서 좀 더 노동 여건이 좋은 미국 본토로 옮겨 가는 일이 많았다. 이런 맥락에서 1903년부터 시작된 한인 노동자의 대규모 이주는 1860~1870년대의 중국인 노동자, 1880~1890년대의 일본인 노동자로 이어지는 하와이 사탕수수 농장 노동자의 계보를 잇는 것이었다.

그런데 하와이 이주는 한인들에게 특히 정서적 거부감이 컸다. 해로로 7,000킬로미터나 떨어진 하와이행은 그 자체로 고향과의 단절을 뜻했다. 만주, 연해주의 초기 이민자들이 조상을 섬기는 제사를 지내러 고향의 친지를 방문하던 일은 하와이의 경우에 불가능했다. 대한제국의 관리들이 보기에 이는 가장 중요한 유교적 원칙 중 하나를 어기는 것으로 비쳐졌다.

당시 초대 주한 미국공사로 있던 호레이스 알렌(Horace Allen)은 하와이 사탕수수 농장주들의 노동력 요청을 받고 있었다. 그는 마침내 고종 황제를 설득하는 데 성공했다. 그 결과 미국인은 한인 이주자 모집에 관한 독점권을 얻었고, 궁내부 소속으로 수민원(綏民院)이 설치되어 최초의 근대적인 이민사업을 담당했다.

1902년 12월 하순 인천항을 출발한 갤릭호가 일본 고베를 거쳐 이듬해 1월 중순 하와이 호놀룰루에 도착했다. 이 배에서 내린 101명의 한인 노동이민단이 최초의 공식적인 미국 이주민이었다. 초기 이주자는 대부분 한반도 중남부 지역의 잡역부였다. 이후 1905년까지 7,000여 명의 한인들이 65척의 이민선을 타고 하와이로 건너갔다.

하와이로 가는 태평양 뱃길에서 그들은 무슨 생각을 했을까. 그들이 남긴 기록을 통해 일부를 엿볼 수 있다. 1895년에 평안북도에서 태어난 차의석(車義錫, Easurk Emsen Charr)은 1904년 열 살의 나이로 하와이에 왔고, 나중에 샌프란시스코에 정착했다. 어릴 적 서양 선교사로부터 기독교를 접한 것이 미국 이주의 거부감을 덜었을 것이다. 그는 1961년에 출간한 『금산: 한인 이민자의 자서전, 1895~1960』에서 하와이 이주 당시의 심경을 이렇게 형용하고 있다.

세기가 바뀐 1904년 러일전쟁 무렵 나는 오랜 은둔의 왕국을 떠나 아름다운 나라를 찾아 서쪽을 향했다. 시적으로 황금산의 나라로 불리는, 자유의 상으로 알려진, 자유가 계몽된 세계, 진실로 이곳은 자유의 꿈과 지혜의 젖이 흐르는 약속의 땅이다. 내가 이곳 아메리카로 오게 되었고, 또 미국 시민이 된 것에 더할 수 없는 기쁨과 긍지를 가진다. 하느님, 나의 집, 나의 나라를 축복하소서.

이 글에서 차의석은 미국 시민이 된 것에 커다란 자부심을 보이고 있다. 이 책의 제목이 '금산', 즉 'The Golden Mountain'인 데서 드러나

듯, 그는 미국을 황금산으로 동경하며 하와이로 건너갔던 것이다.

　그러나 당시 하와이는 당초 기대한 약속의 땅과는 거리가 있었다. 한인 이주자들은 낯설고 열악한 노동조건과 저임금에 처했다. 호각소리에 맞추어 일어나 사탕수수밭에서 오전 6시부터 오후 4시 30분까지 쉴 틈 없이 일했다. 그러고도 수중에는 계약상 월급인 15달러 중 고작 2~3달러 정도만 들어왔다. 식비와 벌금 등이 월급에서 공제되었고, 일상은 단조로웠으며 바깥세상과는 단절되었다.

　하와이 이주는 오래 계속되지 않았다. 하와이 및 미국 서부에서 일본인 노동자들이 일으킨 노동쟁의가 중요한 계기였다. 통감부는 이들의 파업 성공을 위해 한인 노동자들의 미국 이주를 막았다. 1905년 7월에 92명의 한인을 태운 이민선이 호놀룰루에 닿은 것이 마지막 이주였다. 이처럼 한인 이주의 역사에도 일본 제국주의의 영향이 깊이 개입되어 있었다.

　그러나 예외적으로 그 후에도 일부 한국인이 하와이에 가는 일이 허락된 경우가 있었다. 이른바 '사진신부'가 여기에 해당했다. 이미 건너갔던 이주민들 중에는 총각이나 홀아비가 많았지만 현지의 여성과 결혼하기는 어려웠다. 미국 정부는 이들을 위해 한인 여성들의 이민을 제한적으로 허용했다. 1910년에서 1924년까지 15~17세의 신부 951명이 하와이로 건너갔다. 사진만 보고 신랑감을 선택한 뒤의 일이다. 그런데 현지에 가서 보니 배우자의 나이는 평균 15세가 더 많았다. 남자들이 보낸 사진은 대개 10여 년 전에 찍은 것이었다. 이런 연령 차이로 부인이 남편을 일찍 여의고 낯선 곳에서 육아와 생활고 곤란을 겪는 일도 흔했다. 그러나 '사진결혼'을 고비로 이민사회는 점차 안정되어 갔다.

2. 나라 잃은 백성의 설움

고래 싸움에 끼인 재만 한인 신세

일제가 한국을 강제합병한 뒤 만주로 이주하는 한인은 더욱 늘어났다. 그 배경에는 일제 총독부가 주도한 식민지 농업정책이 있었다. 1910년대의 토지조사사업으로 인해 한국 농민의 소작화가 진전되고, 일본인 지주 및 동양척식주식회사 등의 농민 착취도 본격화되었다. 궁핍해진 많은 농민이 해외에서 살길을 찾았다. 당시 만주에는 많은 사람들이 유입되고 있었다. 한인의 수는 중국인 이주민 다음으로 많았다. 1910년에 22만 명이었으나 1930년에는 60만 명에 달했다. 특히 간도 지역은 한인 이주자의 중심지였다. 만주 전 지역에 사는 한인의 47퍼센트가 간도에 밀집해 있었다. 간도 거주민 중 한인의 비중은 75~80퍼센트에 달했다. 방문객들이 간도에 오면 한국에 있다는 기분이 들 정도였다.

그런데 한국인이 많다고 하여 생활이 그만큼 편리한 것은 아니었다. 한인 이주자들 대다수는 중국인 토지 소유주에게서 땅을 빌려 일용노동자로 일했다. 열심히 일하고 저축하여 토지를 소유하는 사람도 생겨났다. 그러나 이런 과정도 순탄치 않았다. 조국을 잃은 식민지 백성이기 때문이었는데 경위는 다음과 같다. 1915년 5월, 일본은 중국과 만몽조약을 맺었다. 여기서 일본은 중국으로부터 재만 일본인의 토지상조권(기한부 토지소유권으로서 사실상의 소유권)을 확보했다. 그러자 곧바로 재만 한인에게 이전의 간도협약 규정을 적용할지 여부가 쟁점이 되었다. 일본은 간도협약이 무효이며 만몽조약에서 규정한 토지상조권을 재만 한인에게도 똑같이 적용해야 한다고 주장했다. '한일합병' 이후 한국인은 모두 일본 신민이 되었다는 것이 그 이유였다. 반면 중국은 만몽조약과 별도로 간도협약이 유효하다고 주장했다. 간도 거주 한인을 대상으로 한 간도협약은 특정인과 특정 지역에 국한된 조약이라는 것이 주요 근거였다. 그러나 정작 재만 한인은 별다른 혜택을 받지 못하고 이후 막대한 피해를 감수해야 했다.

1925년 이후 지방정권이던 장작림(張作霖)의 봉천군벌은 재만 한인을 강하게 압박하기 시작했다. 일제가 재만 한인을 앞세워 만주를 침략하고 있다고 생각했기 때문이다. 재만 한인이 귀화를 하지 않으면 가옥소유권·거주권·소작권 등을 인정하지 않았다. 새로운 재만 한인의 거주조차 승인하지 않는 경우도 많았다. 한국인들은 이런 상황에 대처해 나가야 했다. 참의부·정의부·신민부 및 조선공산당 만주총국 등의 한인 단체는 중국으로의 귀화운동을 적극 전개했다. 이는 사실상 무국적 상태에 놓인 한인들의 권리를 보호하기 위한 조처로, 중국 정부를 끌어들여 일제의 간섭에서 벗어나려 한 것이다. 귀화운동의 핵심은 한인에 대한 교육권과 자치권 보장이었다. 이 운동으로 1929년까지 10만여 명의 한인이 귀화했다.

이러한 노력에도 불구하고 재만 한인들의 본질은 식민지민으로서 국민국가의 경계에 처해 있던 존재라는 사실이었다. 따라서 그 존재 자체가 중국과 일본 양국 간 갈등의 잠재적 불씨였다. 만보산 사건은 그 대표적 사례였다. 1931년 7월 장춘에서 30킬로미터 떨어진 만보산에서 한국 농민과 중국인 지주 사이에 물리적 충돌이 일어났다. 이 충돌은 한국 농민의 수로공사 강행 여부를 두고 일어났다. 사건은 한국 농민의 권익 보호를 빌미로 개입한 일본 경찰이 중국인들에게 발포하는 상황으로

까지 확대되었다. 그러나 다행히 인명 피해는 없었고 이는 당시에 흔히 일어났던 여느 사건의 하나로 여겨질 만한 것이었다. 그러나 관동군 등 일제 군국주의자들이 적극 개입하면서 이 충돌은 다른 양상으로 전개되었다. 그들은 한국 농민의 피해를 과장하는 내용의 허위 기사를 보도했다. 이로써 만주의 한중 간 갈등을 조장하여 이곳에 개입할 빌미를 만들려는 의도였다.

이 허위 기사에 국내의 일부 언론이 부화뇌동하면서 사태는 국내로 파급되었다. 일시적으로 한국 내에서는 '화교박해사건'이 발생하고 이에 맞서 중국 내에서도 한인에 대한 보복 사태가 일어나는 등 파장이 확대되었다. 그러나 한중 식자층의 노력과 연락으로 일제의 음모가 드러나면서 파장은 점차 가라앉았다. 이 사건을 계기로 중국 정부는 재만 한인 문제를 근본적으로 해결하는 방안으로 한인의 이민을 금지하고 각종 규제를 신설하여 재만 한인들의 중국 귀화를 강요해 나갔다.

한국인은 일본인 노동력의 저수지

일제강점기 한국인의 일본 이주는 만주, 연해주 및 하와이로의 이주와는 구별되는 특성을 지녔다. 첫째, 식민 모국이었던 제국주의 일본으로부터의 유인 요인이 더 컸다는 점, 둘째, 일본의 경기변동에 직접적인 영향을 받았다는 점 등이 그것이다. 일본 이민이 급증한 데에는 1922년 자유도항제의 실시가 큰 계기가 되었다. 1910년대 후반 제1차 세계대전으로 일본 경제가 활황을 맞이하자 노동력 부족 현상이 나타났다. 일본 자본가들은 저임금으로 부릴 수 있는 한인 노동력을 적극 필요로 했다. 자유도항제는 이를 제도적으로 뒷받침한 행정조처였다.

그런데 이런 자유도항제와 이민의 증가는 일본 경기가 변동하자 오래 가지 않았다. 일본에서 실업 문제가 심각해지자 일본 내무성은 한인의 도항 저지를 요청했다. 이에 조선총독부는 1925년 8월 도항저지제를 실시하여 한인의 일본행을 줄여 나갔다. 요컨대 한국인의 일본 이주는 한국인들의 취업과 생활보장이라는 고용안정의 측면에 주안점을 둔 것이 아니었다. 그것은 일본 경제의 활황과 불황이라는 경기변동 및 그에 따른 일본 자본가들의 노동력 수급 문제에 종속된 것이었다. 식민지 백성이던 한국 사람들은 일본 경제의 원활한 작동에 필수불가결한 노동력 저수지의 역할을 했던 것이다.

1910~1920년대 일본으로 이주한 사람들은 대부분 전라도 및 경상도 지역의 농촌 과잉 인구였다. 그들은 식민지 조선의 어려운 경제 상황에서 벗어나서 돈을 벌려고 일본으로 건너갔다. 1923년 관동대지진 때는 6,000여 명의 한인이 희생되고 총독부의 도항저지제가 실시되는 악조건도 뒤따랐다. 그러나 한인의 일본 이주는 꾸준히 증가했다. 재일 한인의 수는 1910년 2,500여 명에 불과했던 것이 1920년 3만여 명으로 늘어났고 1930년에는 약 30만 명으로 급증했다.

한편 일본에 이주한 한인들은 산업 중심지 및 대도시에서 주로 생활했다. 이에 따라 급격한 도시화를 경험했다. 이는 여타 지역에 이주한 한인들이 자신들에게 익숙한 농업 방면에 종사한 것과 차이 나는 점이다. 대부분 농민 출신이던 재일 한인들은 하루아침에 잡역부, 광부 등 일용노동자가 되어 다양한 3D 저임금 직종에 종사했다.

1920년대에 건너갔던 초기의 한인 이주민은 대부분 처음에 후쿠오카 지역에 거주했다. 그곳은 당시 산업 중심지로 변모하던 곳이었다. 그러다가 점차 도쿄, 오사카, 교토 등 주요 대도시로 흩어졌다. 특히 집중이 두드러진 곳은 오사카였다. 일본 내 한인의 10퍼센트 가량이 오사카에 거주했다. 생활수준은 낮은 편이었다. 일부 한인들은 공장에서 나온 폐기물로 공터에 움막을 짓고 살기도 했다. 다소 늦은 시기에 해당하기는 하지만 1937년 유명한 재일작가 장혁주는 다음과 같이 썼다.

이것이 시바우라 쯔키미초에 위치한 한인 거주촌이다. 처음에 이 장소는 근처 설탕 공장에서 사용할 석탄 저장고로 쓰였다. 이 공장의 조선인 노동자는 소유주 허가 없이 장작과 마분지 조각으로 움집을 만들었다. 곧이어 다른 사람들이 합류했다. 이런 식으로 이 한인 거주촌이 탄생했다. 나는 이곳에 대략 600명의 한인이 산다고 들었다. 그토록 많은 한인이 이처럼 협소한 공간에 그런 조악한 움집을 짓고 산다는 것을 인정하기가 끔찍스러웠다.

한인 노동자들은 같은 일을 해도 일본인 노동자 임금의 50~70퍼센트밖에 받을 수 없었다. 그들은 상당수가 최저생계비에도 못 미치는 돈으로 생활해야 했다. 게다가 일본인은 이들에게 세를 주려고도 하지 않았다. 그러므로 비록 환경은 매우 열악했지만 민족적·계급적 약자였던 재일 한인들에게 한인 거주촌은 소중한 곳이었다. 마을은 하천부지나 공사장, 토지 소유관계가 불분명한 국유지 등에 형성된 허름한 집들로 이루어졌다. 그러나 이곳은 일본 안의 한국으로 타향살이의 외로움을 달래고 자신들의 권리를 보호해 주는 별천지였다.

3. 강제연행의 증언들

윤동주의 근심, 카레이스키의 수난

일본이 1931년 만주사변을 일으키고 1932년 만주국을 세우자 만주의 한인사회는 커다란 영향을 받게 되었다. 일본은 중국 동북지역을 대륙침략의 병참기지와 식량기지로 활용하고자 대규모의 한인 이주를 추진했다. 만선척식주식회사 등을 통해 '정책이민'의 형식으로 건너온 개척민 중에는 기존의 이주자와는 달리 일제의 통제정책에 순응적인 사람들이 많았는데, 그 규모는 1941년 2만 3,000여 호나 되었다.

한편 일본은 산악 지역에 흩어져 살던 한인이나 항일유격운동이 활발한 지역에 거주하는 한인들을 강제로 모아 집단촌을 조성하고 집단농장을 만들었다. 순차적인 집단이주로 1930년대 후반 이 지역 한인들의 수는 두 배 이상으로 증가했다. 거주지역도 흑룡강성 북부 등지로 확장되었다. 일제는 이를 시행하면서 한인 보호를 명분으로 내걸었으나 실상은 이들을 통제하고 동화하기 위해서였다. 일제는 재만 한인을 '2등' 민족으로 우대하면서 만주국 통치의 보조수단으로 활용했다. 또한 전시동원체제를 강화하고 황민화 정책을 추진해 나갔다. 이로 인하여 재만 한인들은 민족적 정체성을 상실할 위기에 직면했다.

1936년은 중국과 일본 사이에 전쟁의 기운이 깊어 가던 해였다. 중국 용정 명동촌 출신인 윤동주는 당시 19세였다. 그는 이민 2세로서의 감수성과 불안감을 다음의 시에 담아 표현했다.

저쪽으로 황토 실은 이 땅 봄바람이
호인(胡人)의 물레바퀴처럼 돌아 지나고

이롱진 사월 태양의 손길이
벽을 등진 설운 가슴마다 올올이 만진다.

지도째기 놀음에 뉘 땅인 줄 모르는 애 둘이
한 뼘 손가락이 짧음을 한함이여

아서라! 가뜩이나 엷은 평화가
깨어질까 근심스럽다.

(윤동주, 「양지쪽」, 1936년)

　일본은 중국 영토에 대한 침략적 야심을 드러내고 있었다. 중국은 이에 대항했다. 윤동주는 두 나라의 각축을 '지도째기'라는 땅따먹기 놀이를 하는 아이에 비유했다. 그는 1년 뒤에 발발할 중일전쟁의 암운을 시인 특유의 감수성으로 포착한 것이다.

　윤동주의 우려는 1937년 중일전쟁으로 나타났다. 그리고 그 영향은 재만 한인뿐 아니라 소련 영토인 연해주의 고려인에게까지 파급되었다. 연해주로의 이주는 만주와 비슷한 시기인 19세기 중엽에 시작하여 1917년 러시아 10월혁명 당시 한인사회는 10만 명 수준으로 증가했다. 이후에는 이곳이 한인 사회주의운동의 거점으로 발전했다. 또 만주에서와 마찬가지로 한인들은 이 지역에 논농사를 처음 도입하고 특유의 근면성을 발휘한 결과 이 지역에서 역량을 인정받고 있던 터였다. 그러나

1937년 9월, 소련 정부는 돌연 17만여 명의 한인을 강제로 카자흐스탄과 우즈베키스탄으로 집단이주시켰다. 일본과의 전쟁을 앞두고 한인이 장차 일본의 첩자 노릇을 할 것이라는 군사적 우려가 작용한 것이다. 또한 중앙아시아의 낙후된 지역을 이들의 노동력으로 개간한다는 경제적 목적도 개입했다. 이주는 전격적이고 일방적으로 이루어졌다. 이주 통보는 불과 1주일 혹은 열흘 전에 이루어졌다. 이주에 필요한 물건을 챙길 시간도 충분하지 않았다. 기차간이 비좁아 연료, 의료, 식량 외에 다른 소지품을 가져갈 수도 없었다. 두고 간 재산에 대한 보상은 이루어지지 않았다. 기차의 위생시설이 불량하여 한 달 동안의 여정에서 수많은 사상자가 발생했다. '카레이스키(고려인)'들은 목적지에 내려 맨주먹으로 다시 시작해야만 했다. 피눈물 나는 노력으로 생활은 차츰 안정되어 갔지만 강제이주와 함께 우리말과 글의 사용이 금지되었다. 그들은 점차 소수민족으로서의 자기정체성을 거의 상실하게 되었다.

연고 없는 시신, 무연불

중일전쟁과 태평양전쟁으로 전선이 확대되자 일본은 한인들을 일본으로 강제연행해 갔다. 병력 보충과 전시산업에 필요한 노동력을 확보하기 위해서였다. 1939년 9월, '조선인 노동자 모집 및 도항 취급 요강' 발포(發布)에서 보이듯 겉으로는 '모집'을 표방하고 있었다. 그러나 실질적으로는 강제연행이 이루어졌다. 1945년까지 강제연행된 한인은 군인·군속까지 합해서 100만 명이 넘었다. 약 20만 명으로 추산되는 '일본군 위안부'도 이 시기에 동원되었다.

일본 내무성 사회국은 1936년 9월부터 협화회(協和會)를 조직했다. 일본에 거주하는 한인 노동자를 통제하고 치안을 유지하려는 목적에서였다. 협화회는 '소대-중대-대대'로 구성된 준군사조직으로 부현(府縣) 각 경찰 관내마다 지회가 설치되었다. 한인 노동자는 협화회에 의무적으로 가입하고 회원증을 항상 소지하고 다녀야 했다.

1943년 11월, 당시 서른 살이던 김동업은 충남 서산에서 일본 야마구치현 소재 모토야마(本山) 탄광으로 건너갔다. "돈을 많이 벌 수 있다"는 면장과 노무계의 회유와 협박에 따른 것이었다. 그곳에서 2년간 석탄을 채굴하고 돌아온 그는 당시의 생활을 다음과 같이 회상했다.

이렇게 내가 있으면 일본 여자들이 와서 "오늘 일 가냐"고 그러면 "어! 간다고." 그럼 그냥 밥을 퍼 주고, 몸이 그래서 못 간다고 그러면 …… 이렇게 밥을 펐다가 엎어 놔. "뭐 하러 그러냐"고 그러면 "넌 오늘 노니까 못 먹는다" 이거야.

…… 사고들 많았지. …… 탄 무너지면 꼼짝 못하고 죽어. 나갈 구멍이 있나. (조선 사람들) 숱하게 죽었지. …… 죽으면 우리들이 나가서 화장한다니까. …… 마지못해 그놈들이 꺼내 주면 들고서 노무자들을 화장해. 화장하는 데 갖다 놓으면 어떻게 하는지는 몰라. 태우는지 어떻게 하는지 화장하더만(김동업, 「산 사람들은 천명으로 살아온겨」, 『강제동원구술기록집 4: 가긴 어딜 가? 헌병이 총 들고 지키는데』, 일제강점하 강제동원피해 진상규명위원회, 2006).

이 증언에도 있듯이 수많은 한인이 탄광 등에서 불의의 사고로 사망했다. 그들은 현지에서 한 줌 재로 묻혔다. 지쿠호 탄광 노동자의 경우도 예외는 아니었다. 후쿠오카현 이즈카시에 있는 미이케(三池) 탄광, 지쿠호(筑豊) 탄광 등에도 제2차 세계대전 당시 많은 사람이 강제연행되어

그림 10-3 • 재일 한일 탄광 노동자들의 위패

와서 열악한 노동에 시달리고 있었다. 생활도 몹시 곤궁했다. 여기서도 다수의 사망자가 발생했다. 해방 후 한국의 연고자가 이곳에 와서 유골을 수습해 가기도 했지만 적지 않은 수는 방치된 유골, 즉 '무연불(無緣佛)'로 남아 있다. 이 유골 중 일부는 현지의 재일 한인 등이 2000년에 추도당으로 건립한 무궁화당에 안치되기도 했다. 그러나 여전히 많은 수의 유골이 이국땅에 무연불로 남아 있다.

4. 새로운 '우리'를 찾아서

되돌아가는 동포들

해방 당시 해외에 거주하던 한인은 403만 명으로 추산된다. 만주에 160만 명, 일본에 210만 명, 중국 본토에 10만 명, 연해주 및 소련에 20만 명, 미주 및 기타 지역에 3만 명 등이다. 이는 국내 총인구의 6분의 1에 해당하는 엄청난 규모이다. 이들의 상당수는 해방이 되자 여러 악조건을 무릅쓰고 귀환에 나섰다.

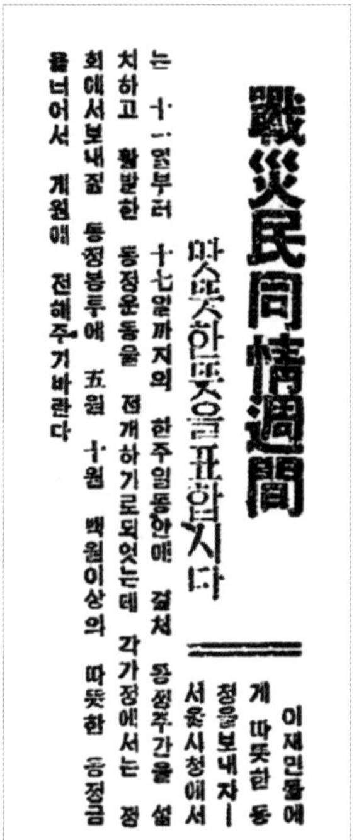
戰災民同情週間

따뜻한뜻을표합시다

이재민들에게 따뜻한 동정을보내자ㅡ서울시청에서는 十一일부터 十七일까지의 한주일동안에 걸처 동정주간을 설치하고 활발한 동정운동을 전개하기로되엇는데 각가정에서는 정회에서보내준 동정봉투에 五원 十원 백원이상의 따뜻한 동정금을넣어서 게원에 전해주기바란다

그림 10-4 • 전재민 구호 관련 기사

한국사회는 이들을 '귀환 전재민'으로 부르고, 실업자·빈민·이재민 등과 마찬가지로 구호 대상에 포함시켰다. 귀환 전재민은 구호 대상 중에서 그 수가 가장 많았고 생활 상태도 제일 심각했다. 일찍부터 이들을 구호하려는 자발적인 움직임이 나타났다. 1945년 8월 말에 결성된 '조선재외전재동포구제회'를 시작으로 수십 개의 구호단체가 결성되었다. 이들은 '귀환동포 위안의 밤' 행사 등을 개최했다. 언론도 동포애와 민족애를 강조하면서 이들에 대한 지속적인 관심과 구호의 시급성을 환기시켰다.

그러나 해방 직후의 한국사회는 급증한 사회적 부양 인구를 감당할 역량을 갖추지 못했다. 귀환 전재민은 1947년에도 계속 늘어나 11월에는 전재민 및 실업자 수가 서울만 해도 40만 명에 달할 정도였다. 신문에서는 전재민의 비참한 상황을 알리는 기사가 연일 보도되었다. 그러나 서울 시민들은 점차 수많은 구호 요구에 냉담해져 갔다. 심지어 전재민 범죄 등을 불온시하는 경향도 점증했다.

그러자 귀환 전재민 가운데, 떠나온 곳으로 되돌아가는 사람도 생겼다. 1946년 6월에 이미 1,200명의 전재민이 일본과 중국으로 돌아갔다. 두 달 뒤 그 규모는 1만 5,000명으로 급증했다. 일부 신문에서는 그들을 불편한 눈으로 바라보기도 했다. 일본으로 밀항하는 사람들에게 "일본이 그립던가"라는 냉소적인 반응을 보이기도 했다.

귀환하지 않고 현지에 잔류한 한인들의 상황도 순탄치는 않았다. 일본의 경우 잔류 한인들은 1945년 10월 좌익 성향의 재일본조선인연맹(조련)을 결성했다. 그러나 조국에서 진행되던 좌우 대립을 재일 한인사회도 피해 갈 수는 없었다. 1946년 10월 친일파와 우익 성향의 사람들이 재일본조선거류민단(민단)이라는 별도의 조직을 결성했다. 이로써 재일 한인사회는 좌우로 분열되기 시작했다. 조련은 민단과 대조적으로 재일 한인의 광범위한 지지와 참가를 기반으로 민족교육과 권익옹호를 위해 활동했다. 1948년 수립된 이승만 정권은 조련을 '공산주의 단체'로 규정했다. 이 정권은 일본의 요시다 정권과 함께 이들을 '불온분자'로 몰아 한국으로의 강제송환을 추진하기도 했다.

소외와 차별을 넘어

미국으로 초청이민이 허용된 시점은 1965년이다. 해방에서 이 시점까지 미국 이주민은 주로 한국전쟁으로 발생한 전쟁고아, 주한미군과 결혼한 여성, 혼혈아, 학생 등이었다. 이들은 입양이나 가족 재회 또는 유학을 목적으로 미국에 건너갔다. 전쟁고아나 주한미군 배우자들의 이주는 분단과 전쟁, 미군 주둔이라는 한국 현대사의 상흔과 특성이 깊게 배어 있었다.

한국전쟁 후 한국에는 약 4만 명의 주한미군이 주둔했다. 한국 여성 중에는 기지촌이나 미군 클럽 등에서 주한미군과 교제하고 마침내 이들과 결혼하는 사람들도 생겨났다. 이들에 대해 한국사회는 편견을 갖고 냉대하는 일이 많았다. 이 여성들의 가족과 친지마저도 미군과의 국제결혼을 집안과 민족의 수치로 생각해서 핍박하기도 했다. 이런 배경 속에서 주한미군 남편을 따라 미국으로 이민을 떠난 여성들은 1965년까지 6,000명에 달했다. 주한미군 배우자들은 입양아들과 비슷하게 미국 전역에 흩어져 미국 가족에 편입되었다. 다른 부류의 한인 이민자들이 일부 대도시에 모여 자신들만의 공동체를 구성한 것과는 대조적인 면모였다.

주한미군 배우자들은 미국 정착과정에서 심적 고통이 특히 컸다. 그들은 우선 한인 이주사회의 푸대접과 편견을 견뎌야 했다. 미국 가정에서도 주변적인 존재에 머물렀다. 그들은 자신의 가정을 미국식으로 유지할 것을 강요받았다. 특히 자녀교육에서 그들은 재량이 없었고, 자식을 한국과 미국 문화를 공유하는 코리언 아메리칸으로 키울 수 없었다. 오직 순수한 아메리칸으로 키우도록 강요받았다. 이로 인해 엄마와 자식 사이에는 문화적 거리감이 커졌고, 또 아이들 눈에는 엄마가 열등한 존재로 비쳐졌다. 주한미군 배우자들을 가장 견디기 힘들게 했던 것은 바로 이러한 혈육 간의 소외감이었다.

최근 이들은 '국제결혼을 한 한인 미군 아내'라는 공통점을 바탕으로 자신들만의 단체를 형성했다. 이를 매개로 끈끈한 자매애를 체험하고 자신들의 정체성을 확립해 나가고 있다. 그들은 강요된 미국화와 그로 인한 문화적 박탈감에서 벗어나려는 노력의 하나로 '연례 휴가' 행사를 주관해 오고 있다. 주말 또는 일주일 동안의 휴가를 통해 남편이나 가사 등에 대한 부담, 그리고 영어 사용의 스트레스를 벗어던짐으로써 자신들의 유대감을 과시했다. 나아가 남편의 권위에 대해 적극적으로 저항하고 있다. 그들은 이 휴가 당시의 경험을 다음과 같이 표현한 바 있다.

진짜 재미있는 건 뭐냐면 말이죠. 우리가 호텔로 들어가면, 사람들은 정말 궁금해합니다. 어떻게 동양 여자들이 자기네끼리 떼를 지어 몰려올 수가 있나? 놀랄 일이 한두 가지가 아니죠. 사람들은 한국 여자들이 '너무' 조용하다고 생각해요. 하지만 우리는 노는 걸 좋아하고 아주 생기발랄한 사람들이랍니다.

이 여성들은 미국을 떠나 한국으로 돌아올 계획이 없으며 대부분 미국을 자신의 삶의 터전으로 여기고 있다. 다른 한편으로 그들은 한국인으로서의 정체성을 유지하고 미국 사회에서 자신들의 정체성이 온전하게 인정받기를 원한다. 이런 점에서 이들의 공동체는 한국적 정체성과 미국적 정체성 모두에 대한 도전의 성격을 지닌다.

유학생으로 건너가 미국에 정착했던 사람들과 더불어 주한미군 배우자와 입양아들은 1965년 미국의 이민 문호가 개방되었을 때 가족들을 초청할 수 있는 인적 기반이 되었다.

✤ 참고문헌

국가기록원 편, 『기록으로 보는 재외한인의 역사』(아시아, 아메리카, 유라시아·유럽),
　　2016.

김 게르만, 『한인 이주의 역사』, 박영사, 2005.

김경일 외, 『동아시아의 민족이산과 도시: 20세기 전반 만주의 조선인』, 역사비평사,
　　2004.

김욱동, 『강용흘: 그의 삶과 문학』, 서울대학교출판부, 2004.

김춘선, 「만주동포의 국적문제와 정체성」, 『논쟁으로 본 한국사회 100년』, 역사비평사,
　　2000.

신주백, 「해외이민의 사회사」, 한국역사연구회 지음, 『우리는 지난 100년 동안 어떻게
　　살았을까: 사람과 사회 이야기』, 역사비평사, 1999(1998).

안형주, 『1902년, 조선인 하와이 이민선을 타다: 안재창의 가족 생애사로 본 아메리카
　　디아스포라』, 푸른역사, 2013.

여지연, 「소외와 차별을 넘어: 미국 내 한인 미군 아내들의 자매애와 저항(1950~
　　1996)」, 『당대비평』, 통권 제21호, 2002년 겨울.

＿＿＿, 『기지촌의 그늘을 넘어서』, 삼인, 2009.

윤인진, 『코리안 디아스포라: 재외한인의 이주, 적응, 정체성』, 고려대학교출판부,
　　2005(2004).

이경원, 『외로운 여정: 육성으로 듣는 미주 한인 초기 이민사. 하와이에서 유카탄, 쿠
　　바까지』, 고려대학교출판문화원, 2016.

이선주·로버타 장, 『하와이 한인사회의 성장사 1903~1940: 초창기 이민자들과의 인
　　터뷰』, 이화여자대학교출판부, 2014.

이영민, 「미국자본주의의 지구적 확산과 초기 하와이 이민: 제국주의 시대 국제인구이
　　동의 원인과 배경 재해석」, 『문화역사지리 제14권』, 제3호, 2002년 12월.

일제강점하 강제동원피해 진상규명위원회, 『강제동원구술기록집 4: 가긴 어딜 가? 헌
　　병이 총 들고 지키는데』, 2006.

장석흥 외, 『해방 전후 국제정세와 한인의 귀환』, 역사공간, 2012.

청암대학교 재일코리안연구소, 『재일코리안 디아스포라의 형성: 이주와 정주를 중심
　　으로』, 선인, 2013.

홍경표, 「미주 한인 이민소설 연구: 초기 이민세대의 자전적 소설을 중심으로」, 한국어
　　문학회, 『語文學』, 제78집, 2002년.

황병주, 「미군정기 전재민 구호(救護)운동과 '민족담론'」, 한국역사연구회, 『역사와 현
　　실』, 제35호, 2000.